智能网联汽车计算平台测试与装调

北京和绪科技有限公司　组编

主　编　程传红　王春波

副主编　陈玲玲　张　慧　李妙然

参　编　周　涛　齐　豫　夏鲁宁

　　　　刘　畅　王天琪

主　审　王光林

U0331652

机械工业出版社

本书是以智能网联汽车计算平台测试与装调为主要内容开发的教材，主要介绍了计算平台的架构、装配、软件部署及应用、调试、故障诊断等相关知识。全书包含五个项目，10大工作任务，采用任务导入式教学模式，将学习任务贯穿整个教学过程。通过任务目标、情景导入、应知应会、任务准备、任务实施、任务评价逐层深入，形成一个教与学的闭环。本书内容包括智能网联汽车计算平台的硬件、框架结构、发展现状及趋势等基础知识的认知，计算平台的拆装、调试、故障检测和相关工具的使用，以及 Linux 系统的相关操作和基础知识。

本书可作为职业院校与技工院校智能网联汽车相关专业教学用书，也可作为智能网联汽车使用、维修、检测和管理等行业相关人员的培训参考用书。

图书在版编目（CIP）数据

智能网联汽车计算平台测试与装调 ／ 北京和绪科技
有限公司组编；程传红，王春波主编. -- 北京：机械
工业出版社，2024. 12. --（高职高专智能网联汽车技术
专业系列教材）. -- ISBN 978-7-111-77085-5

Ⅰ. U463.67

中国国家版本馆CIP数据核字第2024GD2512号

机械工业出版社（北京市百万庄大街22号　邮政编码100037）
策划编辑：丁　锋　　　　　　责任编辑：丁　锋　徐　霆
责任校对：龚思文　张昕妍　　封面设计：马精明
责任印制：常天培
固安县铭成印刷有限公司印刷
2025年1月第1版第1次印刷
184mm×260mm・11印张・230千字
标准书号：ISBN 978-7-111-77085-5
定价：49.90元

电话服务　　　　　　　　　　网络服务
客服电话：010-88361066　　机 工 官 网：www.cmpbook.com
　　　　　010-88379833　　机 工 官 博：weibo. com/cmp1952
　　　　　010-68326294　　金 书 网：www.golden-book.com
封底无防伪标均为盗版　网工教育服务网：www.cmpedu.com

前　言

Preface

当前，全球汽车产业正迎来电动化、智能化、低碳化新阶段，中国汽车产业也处于从旧时代切换到新时代的关键转折点，进入发展新阶段。2020年，《新能源汽车产业发展规划（2021—2035年）》提出实施智能网联技术创新工程，强调汽车电动化与智能网联化协同发展。2023年，《关于开展智能网联汽车准入和上路通行试点工作的通知》《关于开展智能网联汽车"车路云一体化"应用试点工作的通知》等政策出台，有效推动了L3级以上智能辅助驾驶量产车型上路通行以及智能化道路基础设施建设。在政策、市场与技术等多重因素的影响下，智能网联汽车的发展进入了快车道。智能网联汽车的飞速发展，对相关人才的需求呈几何倍数增加，导致相关人才的稀缺。为此，教育部迅速推出智能网联相关专业建设指南，推动汽车职业院校建立相关专业，着手培养智能网联汽车人才。

为了满足行业对智能网联汽车技术专业人才的需求，促进职业院校和技工院校汽车专业的建设，北京和绪科技有限公司携手智能网联汽车技术专家与教育专家、学者，共同开发了这本教材。本书的特点如下。

首先，立足先进的职业教育理念，根据

智能网联汽车产业升级和行业发展的需求，结合智能网联汽车技术专业的培养目标、课程体系、教学体系以及职业取向进行教材内容的设置，迎合了国家对新知识、新技术、新工艺、新方法、新材料的重视及发展。

其次，以就业为导向，采用了任务导入式教材编写体例。将真实的工作任务带入教学，使用任务驱动教学，更能培养、提升学生的实践能力，做到学以致用，培养高素质汽车智能技术技能人才。

本教材配备了丰富的数字化教学资源。除了纸质教材外，还提供了视频、动画、课件等数字化资源，图、文、资源相结合，方便教师教学和学生学习。这些数字化资源可以更好地帮助学生理解和掌握相关知识和技能，同时也方便了教师进行教学和辅导。

总的来说，本教材具有工作任务驱动、情境导入设计、教学资源配套丰富和知识先进等特点，旨在为学生提供更好的学习体验和实际操作机会，提高他们的学习效果和实际操作能力，同时也为教师提供了更加丰富和便捷的教学资源，助力汽车产业的发展和职业教育的进步。

本书在编写过程中，得到了许多专家与同行的大力支持，也引用了一些网上资料和图片并参阅了大量的文献资料，在此向相关作者表示感谢。

由于编者水平有限，书中难免有不当或疏漏之处，恳请读者批评指正。

目 录
Contents

项目一 计算平台的认知

项目引言

计算平台是基于高性能芯片和嵌入式实时操作系统的汽车计算控制的核心，可以实现汽车的状态判断、行为决策和车辆控制，促进车载计算平台与通信、信息、交通等领域协同创新、集成发展，是智能网联汽车发展的重要支撑。

项目目标

知识目标：

1）能够解释计算平台的定义。

2）能够概述计算平台的功能。

3）能够说明计算平台的结构。

4）能够列出计算平台的种类。

5）能够解释计算平台的工作原理。

6）了解计算平台的发展现状和发展趋势。

素养目标：

1）培养综合学习能力。

2）培养思维构建能力。

任务1 认识计算平台

任务目标

通过对本任务的学习，达到如下要求。

- 能够解释计算平台的定义。
- 能够概述计算平台的功能。
- 能够说明计算平台的结构。

- 能够列出计算平台的种类。
- 能够解释计算平台的工作原理。

📖) 情景导入

刘某是一家智能网联汽车科技公司技术人员，公司安排她陪同客户参观刚刚搭载计算平台的智能小车，参观过程中客户想了解该计算平台。如果你是刘某，你会怎样介绍？

🎓) 应知应会

一、计算平台定义

车载智能计算平台是支撑智能网联汽车驾驶自动化功能实现的软硬件一体化平台，包括芯片、模组、接口等硬件以及系统软件、功能软件等，以适应传统电子控制单元向异构高性能处理器转变的趋势。它是基于高性能芯片和嵌入式实时操作系统的汽车计算控制的核心，可以实现汽车的状态判断、行为决策和车辆控制。

计算平台是由芯片、模组、接口等组成的硬件平台，系统软件与应用/功能软件构成的操作系统等。为了满足计算平台高算力的要求，计算平台采用异构分布式架构，能够集成多个 SoC（系统级芯片），每个 SoC 集成多类计算单元（如 CPU、GPU、FPGA、ASIC 等）。计算平台硬件架构主要包含 AI 计算单元、通用计算单元和控制单元；计算平台还集成了高效的软件系统，包括智能网联汽车实现自动驾驶功能的定制化系统软件和实现车联网及自动驾驶网络通信的通信功能软件。

二、计算平台的功能

车载智能计算平台作为智能网联汽车的"大脑"，是智能汽车环境感知、智能决策、控制执行的最关键子系统，也是智能汽车区别于传统汽车的最关键要素。它主要完成汽车行驶和信息交互过程中，产生的海量数据的处理工作：以环境感知数据、导航定位信息、车辆实时数据、云端智能计算平台数据和其他 V2X 交互数据等作为输入，基于环境感知定位、智能规划决策和车辆运动控制等核心控制算法，输出驱动、传动、转向和制动等执行控制指令，实现车辆的自动控制，并向云端智能计算平台及 V2X 设备输出数据，还能够通过人机交互界面，实现车辆驾驶信息的人机交互。车载智能计算平台功能，如图 1-1 所示。

计算平台的核心功能是为自动驾驶系统提供高性能的计算能力。它集成了人工智能、信息通信、互联网、云计算等计算机和网络技术，可保证智能网联汽车感知、规划、决策、控制功能模块高速可靠地运行。相比传统汽车驾驶系统，自动驾驶系统所需要处理的数据呈几何级数增长。相比于汽车传统的控制器（如发动机 ECU、变速器

ECU、BCM、BMS、VCU），计算平台也是嵌入式系统，区别在于其硬件和软件的复杂度更高，算力更高，功能更强。

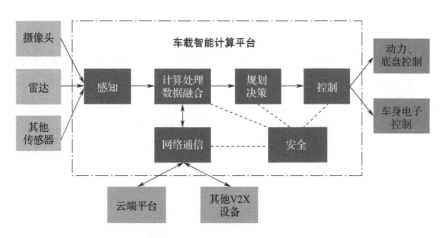

图 1-1 车载智能计算平台功能

硬件方面，汽车传统 ECU 主要采用微控制单元（Microcontroller Unit，MCU）实现简单的计算和逻辑判断。而智能计算平台通常使用单个甚至多个集成 CPU、GPU、FPGA 或 ASIC 的 SoC，可实现大量数据的并行计算和复杂的逻辑功能。

软件方面，传统 ECU 软件架构较为简单，底层操作系统为 OSEK，中间件采用 CP AUTOSAR 框架，顶层为应用程序，部分功能简单的控制器甚至不需要使用操作系统和中间件。而智能计算平台软件架构更复杂、层次更多，自下而上包括虚拟机、操作系统（支持多类实时与非实时操作系统）、中间件、功能软件和应用软件。

车载智能计算平台不但需要强大的运算能力，还需要满足功能安全、预期功能安全和信息安全管理的需求。功能安全和预期功能安全是对部件和系统失效、设计不完备等情况下的可靠性保证和冗余设计。此外，自动驾驶产品化需要信息安全防护，也需要考虑信息安全的功能安全和预期功能安全防护。

通常保障自动驾驶的功能安全普遍有两种方式。一是软硬件正向可靠冗余设计，包括对称和非对称形式、全工和半工工作方式等。硬件方面主要包含上述硬件冗余架构，软件方面主要包含系统软件跨 CPU、跨内核系统多等级监控，失效收集，状态同步，实时安全切换和功能软件的安全设计扩展。二是采用传统车辆功能安全分析流程，输出软硬件失效设计方案，这也是车载智能计算平台功能安全的重要组成部分。

车载智能计算平台作为边界节点，需考虑与外部环境以及车内网络各节点的访问隔离及网络层安全；车载智能计算平台的处理器安全需要考虑从硬件、固件、系统软件到功能软件的全栈软硬件处理器防护；车载智能计算平台与车内网其他节点以及外部车辆和云端的传输安全，包括基于信任链认证、加密等。考虑到自动驾驶应用，车载智能计算平台也要求其内部多域之间的访问控制和监控，与执行器传输的高等级认证和加密要求，更多代码安全、海量数据的存储安全（如防泄漏功能），以及相应的 OTA（空中升级）升级支持。

三、计算平台的结构

车载智能计算平台的参考架构主要包含异构分布架构的硬件平台和车控操作系统两部分，如图 1-2 所示。硬件平台用于提供高速可靠的计算能力，车控操作系统是基于异构分布硬件架构，包含系统软件和功能软件的整体基础框架软件。系统软件包含虚拟机、操作系统内核、中间件组件等，能够为上层提供调度、通信、时间同步、调试、测试等基础服务。功能软件层包含感知、决策规划、控制等智能驾驶核心功能的算法组件。

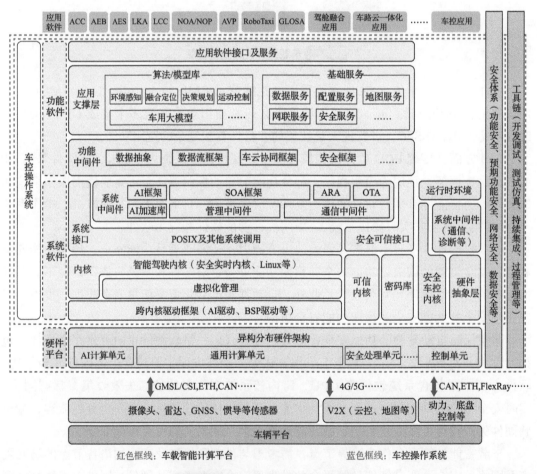

图 1-2　车载智能计算平台参考架构

车载智能计算平台采用车辆传统网络（CAN、FlexRay 等）、以太网、4G/5G 网等，整合车辆平台和外围硬件，装载运行自动驾驶操作系统软件，支持应用软件的开发。

车载智能计算平台具有系统可靠、运行实时、分布弹性、高算力等特点，可以实现感知、规划、控制、网联、云控等功能，最终完成安全、实时、可扩展的多等级自动驾驶核心功能。

1. 异构架构硬件平台

车载智能计算平台要实现智能驾驶功能，需具备传感器融合、定位、路径规划等功能，同时需要连接感知端的摄像头等外界设备与内部功能模块，完成数据处理、信号发送等任务，因此车载计算平台需要采用具有灵活、可配置扩展、算力可提高的异构芯片设计。另外，随着自动驾驶级别的提升，单车传感器的数量呈倍级增加，预计自动驾驶 Level1、2 需要 10 ~ 20 个传感器，Level3 需要 20 ~ 30 个传感器，Level4、5 需要 40 ~ 50 个传感器。因此，车载智能计算平台需要兼容多类型、多数量的传感器，而现有的单一芯片无法满足算力的要求，需要采用异构架构芯片方案，在单卡板上集成多种架构芯片。

异构架构硬件平台通常包括 AI 计算单元、通用计算单元、控制单元以及安全处理单元等，每个单元都有自己的功能。

（1）AI 计算单元

AI 计算单元负责图像处理、深度学习推理等数据密集型计算。架构方面，FPGA、DSP、GPU、NPU、TPU 等专用加速器被引入到 AI 计算单元中，并负责不同的计算任务。性能方面，随着数据量的增加、复杂模型的推理和部署、实时性要求的提高以及 AI 应用领域的丰富，对 AI 计算单元的算力需求持续增长，需要通过芯片制程升级以及内存访问、数据传输、电源管理、时钟管理、电路设计的优化提升 AI 计算单元的能效。同时，运用更灵活的任务划分和卸载机制、动态任务调度和资源管理等技术，实现通用计算单元与 AI 计算单元的协同，进一步提高处理效率。通信方面，高速串行计算机扩展总线（PCIE）、计算快速链路（CXL）、英伟达高速 GPU 互连技术（NVLink）、高带宽内存、片上网络（NoC）优化等高速互联技术加快普及应用，奠定了车载智能计算的基础。模型和算子方面，AI 计算单元通过通用处理器和专用加速器实现对模型和算子的支持。除了增加定点计算的比重，AI 计算单元还为矩阵计算、卷积计算、时序计算等算子以及更复杂的 Transformer 模型等不同任务量身设计计算模组，以模块化方式提升性能、降低能耗。

（2）通用计算单元

通用计算单元负责处理通用计算任务。随着智能驾驶业务和算法模型的发展，对通用算力的需求也急剧增长。通用计算单元由多个车规级多核 CPU 组成，各单核主频高、计算能力强。通用嵌入式 CPU 通常采用 ARM 架构，近年来业界也在尝试基于 RISC-V 架构进行设计。在实际应用中，需要针对具体任务进行优化和并行化，以充分利用多核

CPU 的算力。

（3）控制单元

控制单元负责运行与安全车控相关的单一计算任务。控制单元一般基于车控 MCU，包含实时多核 CPU、嵌入式存储单元以及必要的 I/O 与通信接口。为满足实时性要求，需对 MCU 获取指令的通路、数据存取通路等进行特别设计。同时通过提升 MCU 核心工作频率和使用实时的软件任务调度器等，减少任务切换延迟。MCU 还需要集成 Ethernet/CAN-FD 等高速接口，提供硬件的包转发、路由等功能，以减少 CPU 资源消耗，降低延迟，提供数据交换的吞吐量。

（4）安全处理单元

安全处理单元负责安全业务的处理。在硬件设计上，根据功能安全等级需求，一般采用内建自测（BIST）电路监测电路工作状态。对于部分执行单元，采用冗余电路设计，以实现高功能安全等级要求。在数据存储模块、数据通信链路上，采用奇偶校验编码，保证端到端的数据传输安全性。在架构层面，一些大型 SoC 采用安全岛技术实现对系统内功能的监控与错误处理。为减少 CPU 负载，对称、非对称、哈希等加解密算法加速单元被越来越多地集成到芯片之中。安全与非安全执行环境的隔离既有基于虚拟化技术的逻辑 CPU 方案，也有基于硬件电路完全隔离的硬件安全模块（HSM）技术。在系统层面，需在总线、内存接口中加入安全设计，实现系统地址空间的安全隔离要求。

2. 车控操作系统

车控操作系统是车载智能计算平台的核心部分。按应用领域划分，车控操作系统包括：智能驾驶操作系统和安全车控操作系统。按逻辑层次划分，车控操作系统包括：系统软件和功能软件。

（1）系统软件

系统软件是为智能网联汽车应用场景设计的复杂大规模嵌入式系统的运行环境。系统软件从底向上包括跨内核驱动框架、虚拟化管理、操作系统内核、系统接口与系统中间件。

1）跨内核驱动框架。跨内核驱动框架主要包含四个方面。一是架构设计，用于定义跨内核驱动框架的整体架构，包括驱动模型、硬件抽象、核心接口等，支持常见的宏内核、微内核、混合内核架构等。二是硬件抽象，通过定义通用的硬件访问接口，实现对不同硬件的抽象和封装，方便上层驱动的移植。三是核心接口，用于定义跨内核的通用驱动接口，如文件操作接口、中断处理接口、内存管理接口等，使驱动程序能够通过统一的接口访问不同内核。四是驱动模型，用于定义驱动程序的基本模型和框架，如字符设备驱动、块设备驱动、总线设备驱动等，以规范驱动程序的实现方式。

2）虚拟化管理。虚拟化管理包括 Hypervisor 和虚拟机监视器（VMM）等，利用硬件辅助虚拟化技术有效地实现系统资源的整合和隔离。虚拟化管理能够管理并虚拟化 CPU、内存、外接设备等硬件资源，并将它们分配给运行在虚拟化管理系统软件上的多个操作系统内核。车控操作系统基于异构分布硬件架构，应用程序可能需要依赖不同的内核环境和驱动，但在物理层面上要共享 CPU 等硬件资源。虚拟化管理起到了至关重要的作用，不仅能支撑实现跨平台应用的运行，而且能显著提高硬件的使用效率。

3）操作系统内核。面向复杂驾驶场景的车控操作系统内核层需要实现多内核设计。操作系统内核主要负责管理汽车的硬件资源，并为上层软件提供进程、线程、内存、网络和安全等基础支持，这些内核可兼容 Classic AUTOSAR 和 Adaptive AUTOSAR 所规定的需求。车载智能计算平台异构分布硬件架构中，不同单元加载的内核应具有不同的功能安全等级：支持 AI 计算单元的操作系统内核功能安全等级为 QM~ASIL-B；支持通用计算单元的操作系统内核功能安全等级为 QM~ASIL-B；支持控制单元的操作系统内核功能安全等级为 ASIL-D。因此需要安全等级不同的多内核设计，或者单个内核支持不同功能安全等级应用的设计。

4）系统接口与系统中间件。系统接口是操作系统内核对上层软件提供的服务接口，支持内存分配、调度管理、I/O 处理、同步互斥等功能。系统中间件向下获取操作系统内核的系统接口服务支持，向上支撑功能软件层提供系统中间件的服务和接口。

POSIX API 能够提升跨多种操作系统内核的兼容性，可实时扩展，包括定时器和时间管理、优先级调度互斥量和条件变量、消息队列、共享内存、异步 I/O 和同步 I/O 等。SOA 框架通常包含模块化服务、服务注册发现、标准互操作性接口、服务编排等内容和特征。AI 框架用于支持自动驾驶 AI 应用和大模型应用的开发及运行。管理中间件包括数据加密、身份验证、健康管理、网络与系统安全监测等安全措施及服务，为功能软件中的安全框架和安全服务等提供支撑，以提升整体车控系统的稳定性和安全性。通信中间件（SOME/IP、DDS 等）具备服务发现、远程服务调用、读写进程信息等典型功能，可实现车内单一节点内进程间通信或多节点间通信传输，由基于 CAN 信号向面向服务的车载以太网数据包传输过渡。

（2）功能软件

功能软件根据自动驾驶共性需求定义和实现通用模块，是支撑智能驾驶应用生态建设的重要层级。功能软件包括功能中间件、应用支撑层、应用软件接口及服务。

1）功能中间件。功能中间件是功能软件的核心和驱动部分，由数据抽象、数据流框架、车云协同框架、安全框架组成。数据抽象针对不同传感器、车辆底盘、外围硬件等的原始数据进行处理和封装，并提供统一的数据格式。数据流框架依托中间件技术提供标准数据接口和实时数据处理框架。车云协同框架可实现智能网联车与云计算、边缘计算等关键车路云协同技术的有机融合。车云协同框架需要提供可靠的数据传输和同步机制，以确保车辆与云端之间的数据传输和同步的效率及准确性，以及提供可靠的网络通信和安全机制，同时支持车辆端和云端之间的协同处理，将计算任务在不同的计算资源之间进行分布和协作。安全框架提供了一系列的安全机制和措施，包括对硬件设备、操作系统、应用程序等进行实时监测，在发现相关故障时及时处理，防止故障蔓延，进而影响整个系统的运行。

2）应用支撑层。应用支撑层使用 SOA 服务等方式为智能驾驶功能提供支持，主要包含算法/模型库和基础服务。算法/模型库提供智能驾驶应用的可拆解重组的算法模块和原子组件库。随着深度学习和神经网络、多模态感知、强化学习等技术的发展，算法/模型库提供的算法模块需要不断丰富扩展，借助新技术，以适应更复杂、更广泛的智驾应用场景。基础服务可以为智能驾驶系统提供必要的功能和支持，随着智能驾驶技术的发展，数据安全和网络安全将成为更加关键的问题，功能要求更加全面和智能化，因此基础服务需要具备可扩展性，不断演进和创新，以应对智能驾驶技术的挑战和需求。

3）应用软件接口及服务。应用软件接口及服务是车控操作系统为应用软件开发所提供的封装程序，可降低技术门槛，提升开发效率。应用软件接口主要包括配置接口、加载接口和数据交换接口。

四、计算平台的特点

硬件平台方面，升级计算平台硬件架构，根据车用芯片当前发展状况增加安全处理单元以应对各类安全需求。车控操作系统方面，优化明确概念边界，扩充、迭代、细化其功能软件及系统软件各层内各模块的分工及技术栈。

1. 分层解耦

车载智能计算平台采用分层解耦的架构，既使得软件功能不依赖于底层特定硬件，又能将复杂系统划分为具有明确功能的不同层次，实现每个层次的高内聚与层次之间的低耦合，降低系统的复杂性，增加安全性、可靠性、可维护性、可移植性和可扩展性，提升开发效率，灵活实现"性能优先"和"成本优先"的差异化产品需求，更好地支持不同的技术路线。

2. 互联通信

面向人机物融合泛在计算的新模式和新场景，需要实现泛在感知与泛在互联，包括车联网（V2X）、移动通信（4G、5G）、增强的位置和导航服务、无线短距离通信等。需要结合车内通信、车云通信、车人通信等业务场景，充分吸纳已有的行业标准和最佳实践成果，保障系统的兼容性和可移植性。

3. 安全融合

从车载智能计算平台整体角度考虑安全体系建设，将功能安全、预期功能安全、网络安全、数据安全、OTA 安全有机融入产品的设计、开发、生产、运维、报废的全过程中。采用软硬件结合的安全技术，打造全栈内生安全体系，提升安全策略的通用性和灵活度，同时兼顾产品的性能和成本。

4. AI 大模型融合

探索和发挥 AI 大模型在智能驾驶系统感知、理解和决策能力等方面的提升作用，研究和把握多模态整合、多模型合并、端到端、轻量化演进等创新态势，加强 AI 大模型训练、推理与车载智能计算平台研发、应用等环节的融合，重点在数据闭环、自动标注、场景构建等云端环节使用大模型提高效率、降低成本，在智能驾驶、智能座舱等车端环节使用大模型提供更丰富、适用的应用服务。

五、计算平台的种类

计算平台是智能网联汽车的"大脑"，它实时处理车辆行驶和信息交互过程中海量的数据，进行感知、决策、规划和控制，实现汽车的自动驾驶和网联服务。计算平台对数据处理有实时的要求，其性能和设计会直接影响自动驾驶系统的稳定性和实时性。随着智能网联技术的发展，现如今已经出现了多种车载智能计算平台类型，这些平台都符合车载计算平台的异构架构特征。目前主流的计算平台类型包括基于 GPU 的计算方案、基于 NPU 的计算方案、基于 FPGA 的计算方案和基于 ASIC 的计算方案。其中，基于 GPU 的计算方案是一种由大量运算单元组成的大规模并行计算架构，早先由 CPU 中分离出来专门用于处理图像并行计算数据，专为同时处理多重并行计算任务而设计。例如，英伟达（NVIDIA）系列产品就提供了基于 GPU 的解决方案，率先采用加速计算，其中 X509 为一款基于 NVIDIA Jetson Xavier NX/TX2 NX 模块设计的新型飞云智盒，具备 21TOPS 浮点运算的 AI 处理能力。基于 NPU 的计算方案采用数据驱动并行计算的架构，特别擅长处理视频、图像类的海量多媒体数据。NPU 是模仿生物神经网络而构建的，在电路层模拟人类神经元和突触，并用深度学习指令集直接处理大规模的神经元和突触，一条指令完成一组神经元的处理，如 MDC 智能驾驶计算平台。基于 FPGA 的计算方案是一个可以通过编程来改变内部结构的芯片，是作为专用集成电路（ASIC）领域中的一种半定制电路而出现的，如百度的智能驾驶计算平台 ACU（Apollo Computing Unit）。基于 ASIC 的计算方案可以根据用户的特定要求，是一种低研制成本、短交货周期的全定制 / 半定制集成电路，如车载计算平台 Mobileye。

六、计算平台的工作原理

车载智能计算平台主要负责完成感知环节的识别、融合任务以及整个决策过程，需要处理海量数据和进行复杂的逻辑运算，如图 1-3 所示。

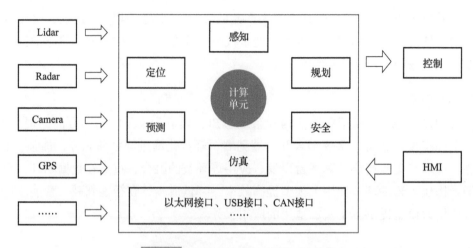

图 1-3 车载智能计算平台的工作原理

1. 感知

感知，通俗地讲就是对环境感知传感器的数据处理，可以实现环境感知和自身定位。智能汽车在自动驾驶过程中，摄像头、激光雷达等传感器会实时采集路况信息，包括车辆、行人等障碍物，以及车道线、红绿灯等交通标识等，这些数据通过车载网络传输至车载智能计算平台，感知模块根据输入图像信息调用一系列基础算法模块对信号进行滤波、识别。这类算法程序利用中间层提供的统一接口访问操作系统，操作系统经过虚拟机调用计算芯片 SoC 中的相关资源，完成传感器数据的处理工作。

2. 定位

自动驾驶过程中，智能汽车通过全球导航卫星系统（GNSS）、惯性测量单元（IMU）、高精地图等获取车辆自身的空间状态信息。

车载计算平台通过环境状态信息以及自身状态信息为车辆的预测、规划等决策环节提供依据。

3. 决策

感知模块完成传感器的数据处理后，将结果数据通过中间层传递给决策模块。同样，决策模块调用基础算法模块，经过中间层、操作系统和虚拟机调用 CPU 等硬件资源完成复杂计算，最后将决策结果，如目标路径、车速等信息，通过车载网络从车载智能计算平台传递至底盘、动力域控制器。

任务小结

本任务主要介绍了计算平台的定义、功能、结构、特点、种类以及工作原理。为了让学生对本任务内容有一个清晰的认知，具体思维导图如图 1-4 所示。

图 1-4　本任务主要内容思维导图

2012 年，我国出台了《节能与新能源汽车产业发展规划 (2012—2020 年)》，为新能源汽车的发展指明了方向，通过增建充电基础设施，加大消费者购车补贴，突破关键技术瓶颈，按下了新能源汽车发展的"快进键"。

我国新能源汽车产销量连续 9 年位居全球第一，从 2012 年的年产 1.3 万辆增长至 2024 年预计的 1200 万辆，实现了跨越式发展。2024 年 11 月，我国新能源汽车年度产销量首次突破 1000 万辆，成为全球首个年度达产突破 1000 万辆的国家。我国从生产第一辆新能源汽车到第 1000 万辆，用了 27 年时间；从第 1000 万辆到突破 2000 万辆，仅花费了 17 个月；如今，我国新能源汽车再提速，仅用了不到 11 个月，产销量首次达成年度 1000 万辆，这标志着我国汽车工业走出一条高质量发展的中国道路。

我国汽车自主品牌借助新能源赛道快速崛起。根据中汽协统计，截止到 2024 年 6 月底，国产新能源汽车累计产销量超过了 3000 万辆；如今，中国品牌乘用车市场份额已超 60%，显示出我国自主品牌的强劲势头。

并且，我国汽车自主品牌的出口量也在快速增长，如比亚迪、奇瑞、长城和吉利等品牌在海外市场的销量持续攀升，更展示了我国汽车产业的国际竞争力。

这些事件标志着我国汽车产业实现了弯道超车的跨越式发展，当之无愧地成为全球新能源汽车领域的领跑者。

任务 2　计算平台发展概述

任务目标

- 了解计算平台的发展现状。
- 了解计算平台的发展趋势。

情景导入

智能网联汽车专业的小段老师接待来参观的教育局领导。在为领导讲解智能网联汽车三大组成部分的时候，领导询问决策系统目前在我国的发展现状和趋势。小段运用深厚的知识和充足的准备，圆满地回答了该问题，获得领导的好评！

假如你是小段老师，会如何回答该问题，才能够获得领导表扬？

应知应会

一、计算平台的发展现状

世界汽车产业正在进行"新四化"技术革命和行业变革，所谓汽车新四化，是指电动化、网联化、智能化和共享化这四个方面，这些技术的不断发展将为汽车产业带来巨大的变化。计算平台及其搭载的自动驾驶操作系统作为汽车新四化的平台技术，逐渐成为国内外整车企业和相关科技公司竞争的热点。车载计算平台是智能网联汽车的"大脑"，更是智能网联汽车产业链中不可缺少的核心技术。在传统汽车电子产业链中，已经形成了十分稳固的 Tier2（二级供应商）—Tier1（一级供应商）供应关系，图 1-5 所示为传统汽车电子产业链条。

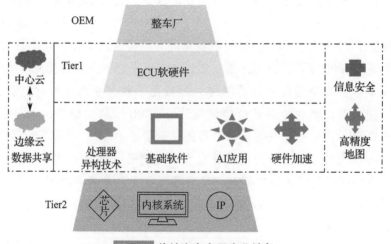

图 1-5 传统汽车电子产业链条

Tier1 是与企业直接进行业务交易的伙伴，通常是机器和设备供应商、零部件制造商或物流配送商等。Tier2 是位于供应链中较低层级的供应商或服务提供商，通常是 Tier1 的供应商或服务提供商。Tier2 可以是零部件供应商、原材料供应商或协同开发伙伴等。Tier2 与企业的关系相对较弱，但依然重要，因为它们提供的产品或服务会直接影响到产品质量和交付时间。企业需要对所有供应商进行管理和监控，以确保整个供应链的顺畅运作。以汽车制造业为例，Tier1 可以是向汽车制造商直接提供核心零部件的公司，而 Tier2 则可能是这些零部件的制造商或原材料供应商，例如，向制动系统供应商提供制动盘的制造商或向座椅供应商供应皮革的原材料供应商。随着智能汽车的高速发展，以及自动驾驶级别的提升，系统功能越来越复杂，获取外部信息的数量和实时性要求越来越高，安全等级也越来越高，使得自动驾驶系统所需要处理的数据呈几何级数增长。汽车智能化的需求使目前新兴的"跨界"技术如人工智能、异构芯片硬件设计、汽车基础软件框架等飞速发展。面对这些变化，传统汽车整车企业和一二级供应商需要时间适应和追赶新兴"跨界"技术带来的产业新格局。中心云/边缘云的网联、云控、数据、高精地图、信息安全等也对传统产业链形成了巨大冲击。大量数据融合处理是实现高级自动驾驶的必需输入，汽车将形成更加复杂的信息物理关系，车内外数据的打通共享和融合处理已经超出了传统汽车行业的能力范畴，智能网联汽车的网络属性将引起行业和用户对网络安全、数据安全的密切关注，而以上这些都无法单独依靠传统汽车产业链实现。因此，涵盖多领域技术的 Tier1.5 概念被提出。Tier1.5 是 Tier1 与 Tier2 之间的重要枢纽和桥梁，可上可下，主攻域控基础软件平台，向上可掌控系统自主开发权，向下可整合芯片、传感器等二级供应商的资源。Tier1.5 从商业链条上承接或者弥补 Tier1 与 Tier2 之间的鸿沟，并通过其软硬件优化，协同各厂商打破原有垂直化封闭产业链条，横向打通融合交叉领域，明晰技术界限及标准，从而实现车载计算平台的功能和整体产品交付，更好地推动行业发展，产业链结构也由此发生改变。图 1-6 所示为新一代汽车电子产业链条。

作为智能网联汽车产业链的核心，车载计算平台负责处理实时性要求高、安全等级要求高的自动驾驶相关数据和功能，与智能终端基础平台共同构成车端的算力系统，支撑不同安全等级需求的网联化自动驾驶以及人机交互的车端实现。随着整车电子电气架构的变革，算力将会由车端向云端部分转移和布局，进而实现协同决策控制。对于智能汽车复杂功能，新型计算平台基于异构分布的硬件平台，集成自动驾驶操作系统，可以提供高性能的计算能力，实现集中控制策略，保障智能网联汽车感知、规划、决策、控制功能模块的高速可靠运行，保障大量互联信

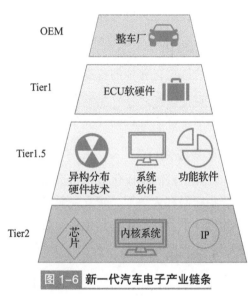

图 1-6　新一代汽车电子产业链条

息的高效传输及管理，对智能汽车的发展起着十分必要的作用。

在信息通信技术与产业实力都在不断增强的时代背景中，涌现出一批搭载智能计算平台的智能网联汽车操作系统，如特斯拉、华为、百度、地平线等企业，其中特斯拉是早期开始研发计算平台的整车企业之一，是全球智能驾驶领域的标杆，其自主研发的 Autopilot 系统的出色表现来自于其高性能车载计算平台。高算力计算平台所带来的性能提升，直接体现在系统的视觉感知能力上。视觉感知的高帧数所带来的直接效果就是车辆所能感知到的环境信息更加丰富，这也使得人工智能算法能够更准确地识别并标注

道路上的物体，从而开发出更高的智能驾驶系统。华为推出的自主研发的操作系统，是平台化、标准化的系列产品，支持 L2～L5 级自动驾驶的平滑演进，具有高效、安全、高可靠性、高能效、高确定性、低延时的技术优势。其计算平台可与多种传感器、执行部件相连，并支持感知、融合、定位、决策、规划、控制等不同的应用算法，实现不同场景的应用。

二、计算平台的发展趋势

车载计算平台是 21 世纪最重要的技术之一，它一直在不断地发展和改进，为企业、组织和个人提供了各种各样的服务和解决方案。随着新技术的出现和人们对其需求的不断增加，计算平台的发展趋势也在不断变化。

1. 安全性

计算平台的安全性一直是人们担心的问题之一。随着计算机使用的普及，账户被黑客攻击、数据泄露和网络病毒的传播等问题日益突出。未来，计算平台会更加注重安全性，因此，安全措施将会越来越强化。平台将借鉴安全领域的新技术，如区块链技术、人脸识别技术等，以增强数据的安全性。

2. 小型化

随着信息化程度的提高，人们不再满足于传统的大型平台，需要更小型和智能化的计算平台。未来，计算平台的发展将更加倾向于集成化、智能化和定制化，以满足新市场的需求，并大幅提高计算平台的运行效率和安全性。

3. 集成化

计算平台的集成化应用将会成为云计算的未来发展方向。未来的计算平台将更多地结合物联网和大数据，建立完整的平台，并且提供更加自动化和先进的服务。因此，未来的计算平台的应用场景也将更加广泛。

4. 自动化

随着人工智能技术的快速发展和应用，计算平台也将更多地采用自动化技术。未来的计算平台将更为智能化，自动化和智能化技术将广泛应用在计算平台之中，并通过自动化的方式向大众提供各种服务和解决方案。

5. 多样化

未来的计算平台将呈现出更为多样化的特征，以适应各种需求。未来的计算平台将提供更多元化、更个性化的产品，以提高公司和个人的生产力。云计算为人们提供了多种应用场景，例如，数字化创意、共享经济等，预计该市场规模将会快速增长。

总之，未来计算平台的发展趋势很多，任何人都不能预测这个行业将会发生什么。需要注意的是，在未来云计算市场中，安全性和便捷性将成为人们选择计算平台的重要因素。

在当前的汽车市场中，消费者的需求越来越多样化和个性化，这已经成为一种趋势。智能计算芯片面临的挑战不仅仅是算力和功能安全的高要求，更重要的挑战在于如何满足消费者对多样化功能的个性化需求，应对"千车千面"带来的挑战。同时，计算芯片需要能够实现多种应用场景，例如，提高安全性、娱乐性、舒适性和互联性等方面，而不同的车型和车企可能存在不同的应用场景和要求，因此需要具备灵活可扩展性来适应这些变化显得非常必要。如果芯片的灵活可扩展性不够好，不仅无法满足不同的应用需求，还会导致升级和维护的难度增大，甚至可能需要更换整个芯片。因此，芯片的灵活可扩展性将会极大地降低升级和维护的成本和风险。

汽车制造商和芯片厂商需要不断地探索和研发更智能化、更先进的计算平台和芯片技术，以满足消费者对更高品质、更智能化汽车的需求。而能够完美应对这一挑战并交出满意答卷的企业，必将在智能汽车的激烈竞争中获得市场的青睐，在计算平台架构演进的浪潮中脱颖而出！

任务小结

本任务主要介绍了智能计算平台的发展现状、发展趋势让学生了解智能计算平台的发展，主要内容如图 1-7 所示。

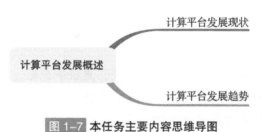

计算平台发展现状

计算平台发展概述

计算平台发展趋势

图 1-7　本任务主要内容思维导图

课程思政案例

有个鲁国人擅长编草鞋，他妻子擅长织白绢。他想迁到越国去，友人对他说："你到越国去，一定会贫穷的。""为什么？""草鞋，是用来穿着走路的，但越国人习惯于赤足走路；白绢，是用来做帽子的，但越国人习惯于披头散发。凭着你的长处，到用不到你的地方去，这样，要使自己不贫穷，难道可能吗？"

一个人要发挥其专长，就必须适应社会环境需要。如果脱离社会环境的需要，其专长也就失去了价值。我们要了解产业发展历程，明白职业素养和社会责任的重要性，培养我们的职业素养和社会责任感，也要根据社会的需要，决定自己的行动，更好地去发挥自己的专长。

项目二　计算平台的装配

项目引言

　　车载智能计算平台包括芯片、壳体和电气接口等零部件，同时采用车内传统网络和新型高速网络，实现整体的智能计算。计算平台装配项目旨在让学生熟悉计算平台的基本结构以及其拆装流程。

项目目标

知识目标：

1）了解常用的装配和测量工具。

2）熟悉计算平台的拆装流程。

3）了解计算平台的整体架构。

技能目标：

1）能独立使用测量工具测量元器件的长度、直径等数据。

2）能独立使用螺钉旋具和扳手，拆装相应元器件。

3）能合作完成计算平台的装配工作。

素养目标：

1）培养学生爱国爱岗、敬业奉献、不怕吃苦的精神。

2）培养学生分析问题、解决问题的能力。

3）培养学生安全操作的良好意识。

4）培养学生团结合作的精神。

任务1　装配及测量工具选择

任务目标

● 认知常用的拆装、测量工具。

- 掌握螺钉旋具、扳手等常用拆装工具的使用方法和注意事项。
- 掌握游标卡尺的使用方法和注意事项。
- 培养学生按流程、按标准操作的工匠精神。

情景导入

刘某是一家智能计算平台科技公司的装配人员，客户购买了一台计算平台，公司派刘某去现场进行装配调试。如果你是刘某，你会怎样做？应该做什么准备呢？

应知应会

一、装配工具介绍

1. 扳手

扳手是设备装配、修理中最常用的一种工具，主要用于扭转螺栓、螺母或带有螺纹的零件。如果扳手选用不当或使用不当，不但会造成工件或扳手损坏，还可能引发危及人身安全的事故。因此，正确地选用和使用扳手显得尤为重要。

扳手通常用碳素结构钢或合金结构钢制造，其种类繁多，常见的有梅花扳手、内六角扳手、活扳手、呆扳手等。

（1）扳手的常见种类

1）梅花扳手。梅花扳手端面有梅花状钳口，因为扳手钳口是双六角形的，可以容易地装配螺栓 / 螺母，甚至能够在有限空间内安装操作。使用梅花扳手拧螺栓时，螺栓 / 螺母的六角形表面被包住，因此没有损坏螺栓角的危险，并可施加大力矩。梅花扳手的手柄与工作轴面通常形成一定角度，因此可用于凹进空间或在平面上旋转螺栓 / 螺母，如图 2-1 所示。

梅花扳手能够保护螺栓角，施加力矩大，同时也适用于小角度操作，常用于维修桌椅、电动车、小零件、防撞栏等设备，钳口处的微斜设计方便使用者套入螺母。扳手两端的数字表示梅花扳手的规格尺寸，其外观及规格尺寸如图 2-2 所示。

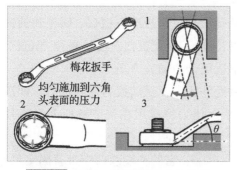

图 2-1 梅花扳手的结构和应用场景

图 2-2 梅花扳手的外观及尺寸

2）内六角扳手。内六角扳手也称艾伦扳手，它是 L 形的六角棒状扳手，专用于拧转内六角螺栓。内六角扳手的手柄强度较小，受力过大时，会产生形变，可以防止使用者用力过大，如图 2-3 所示。它被广泛用于汽车维修、工程项目、连接紧固、家居安装、单车配件、电子摄影器材等设备的装配、拆卸和紧固。

汽车维修　　工程项目　　连接紧固　　家居安装　　单车配件　　电子摄影器材

图 2-3　内六角扳手外观以及应用场景

内六角扳手的规格是根据扳手本体上任意两个对边的尺寸（单位为毫米）来定义的。例如：一个产品任意两个对边的尺寸是 8mm，那么这个内六角扳手的规格就是 8mm；米制的最小规格一般是 1.5mm，最大规格一般为 27mm 或者 36mm。内六角扳手根据其本体的长度一般分为标准长、加长、特长（一般加长为标准的 1.5 倍，特长为标准的 2 倍左右），产品越长越省力，价格也越贵。

3）活扳手。活扳手扳口宽度可在一定范围内调节，是用来紧固和拧松不同规格螺母和螺栓的一种工具，如图 2-4 所示。活扳手是维修工人的常用工具，因其扳口可以在一定的范围内进行调节，使用起来很方便，不但可用于标准的米制螺栓和英制螺栓，还可用于某些自制的非标准螺栓。

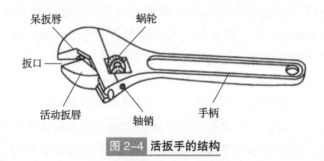

图 2-4　活扳手的结构

活扳手由头部和柄部构成，头部由活动扳唇、呆扳唇、扳口、蜗轮和轴销构成。旋转蜗轮可调节扳口的大小。活扳手规格以长度 × 最大扳口宽度（单位：mm）表示。一个活扳手可用来代替多个呆扳手，但是不适用于施加大力矩。

使用活扳手松紧螺栓时，要求呆扳唇受到压力，活动扳唇受到推力，即活动扳唇在旋转方向上。如果不用这种方法转动扳手，压力将作用在调节螺杆上，使其损坏，如图 2-5 所示。

4）呆扳手。呆扳手俗称开口扳手或死扳手。它的一端或两端带有固定尺寸的开口，其开口尺寸与螺栓头、螺母的尺寸相适应，并根据标准尺寸制作而成。扳手钳口以一定角度与手柄相连。这种设计可在使用扳手时，可通过扳动扳手，在有限空间中进一步获得旋转角度，如图2-6所示。

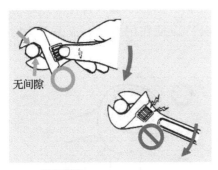

图2-5 活扳手的使用要求

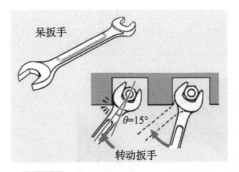

图2-6 呆扳手的结构及典型应用场景

呆扳手使用广泛，主要用于机械检修、设备安装、家用装修、汽车修理等范畴。在选择双头呆扳手时，要根据螺栓头对边的平行距离，选择符合条件的开口宽度，如图2-7所示。

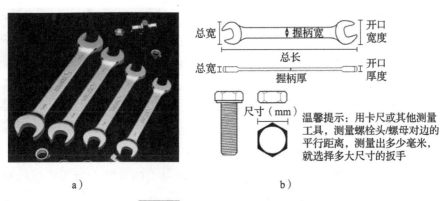

a)   b)

图2-7 双头呆扳手以及选用规则

（2）扳手的使用方法

为防止意外所造成的人身伤害以及对设备的损坏，使用扳手前要做好准备工作，并按照正确方法操作扳手。

1）扳手的选择方法。使用扳手之前，需要根据零件的周边空间大小和尺寸，选择适合的扳手。梅花扳手或呆扳手可用于工作空间受限制的地方，平面上，螺栓位于有轻微凹陷的空间可使用梅花扳手；螺栓平面上，左右有遮挡的空间可使用呆扳手。梅花扳手和呆扳手可根据标准尺寸的螺母或螺栓来选择尺寸，活扳手常用在非标准尺寸的零件上，内六角扳手用于拧内六角螺栓。扳手的尺寸必须与螺栓头或螺母的尺寸相匹配，否则可能会损坏螺栓或螺母。一般可以根据扳手上的规格标记来选择，如图2-8所示，扳手上标有12mm，即此扳手能拧动棱角正对面间距为12mm的螺栓或螺母。若在使用过程中，扳手的尺寸标记磨损看不清，可以使用量具测量，确定扳手尺寸。选择扳手还需要考虑螺栓力矩的大小，如果力矩过大，不建议选择扳手工具。

2）扳手的操作方法。在选择正确尺寸的扳手后，将扳手套入螺栓头或螺母的六角边，确保扳手与螺栓头或螺母的六角边紧密贴合，以便在用力时，扳手不会滑落或松动，如图 2-9 所示。

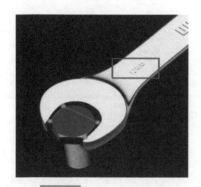

图 2-8 扳手尺寸的选择

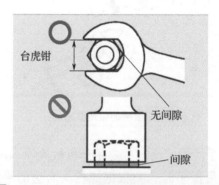

图 2-9 扳手的内侧边与螺栓头或螺母的六角边紧密贴合

当螺栓安装在平面上时，需要选择扳手头部与手柄成一定角度的扳手，如图 2-10 所示。这种扳手套入螺栓头或螺母，扳手手柄与平面间有一定夹角，方便扳动手柄转动螺栓。

可以使用拉扳手手柄或推扳手手柄的方式拧动螺栓，如图 2-11 所示。扳手手柄上可以施加的力的大小取决于扳手柄的长度。手柄越长，用较小的力得到的力矩越大。如果使用了超长手柄，就有力矩过大的危险，扳手或螺栓有可能折断，如图 2-12 所示。

图 2-10 扳手的选择

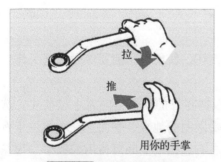

图 2-11 扳手的正确使用

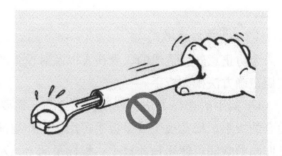

图 2-12 使用扳手不能随意加长手柄

3）结束使用，收纳工具。在完成紧固或松开零件之后，收好螺栓或螺母，以免丢失，将扳手收回，整理放入收纳盒中，以便下次使用，图 2-13 所示。

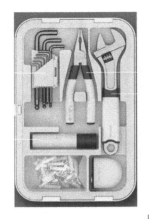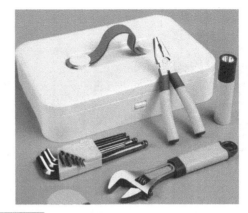

图 2-13 工具的收纳

（3）使用扳手的注意事项

1）使用扳手时需要选择正确尺寸的扳手，并将螺栓头或螺母的六角边插入钳口中。

2）旋转扳手时应注意适度用力，以避免损坏螺栓或螺母。

3）扳手应与螺栓或螺母的平面保持水平，以免用力时扳手滑出伤人。

4）不能在扳手尾端加接套管延长力臂，以防损坏扳手或螺栓。

5）不能用钢锤敲击扳手，扳手在冲击载荷下极易变形或损坏。

6）不能将米制扳手与英制扳手混用，以免造成打滑而伤及使用者。

2. 螺钉旋具

螺钉旋具俗称起子、改锥等，是一种用来拧转螺栓，使其就位的常用工具，其头部型号有不同的类型，可插入螺栓头的槽缝或凹口内。螺钉旋具的头部型号有一字、十字、米字、T形（梅花形）、H形（六角）等，生活中常用的有一字（负号）和十字（正号）两种，如图 2-14 所示。螺钉旋具常用于电子设备、家具、汽车等设备的维修，如图 2-15 所示。

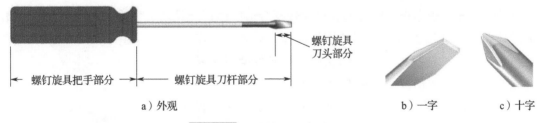

螺钉旋具刀头部分

螺钉旋具把手部分　螺钉旋具刀杆部分

a）外观　　　　　　　　　　　　　　　　b）一字　　c）十字

图 2-14 常用螺钉旋具外观结构

具体来说，当用螺钉旋具对准螺栓的顶部凹坑并固定，然后开始旋转手柄时，螺钉旋具的刀头就会围绕螺栓的轴线旋转。这个旋转动作通过轮轴原理放大了手部施加的力矩，使得螺栓能够更容易地被拧紧或松开。

| 汽车维修 | 家电维修 | 家具拆装 | 工程维修 |

图 2-15 **螺钉旋具使用场景**

（1）规格

1）一字螺钉旋具的型号。一字螺钉旋具的型号用刀头宽度 × 杆长表示。例如，3mm×75mm 意味着刀头宽度为 3mm，刀杆长为 75mm（不是总长）。一字螺钉旋具刀头宽度一般有 1.5mm、1.7mm、2.5mm、3mm、4.5mm、5mm、5.5mm、6mm、7mm、8mm 等。刀杆长度一般有 60mm、75mm、80mm、100mm、150mm、200mm、250mm、300mm 等。

2）十字螺钉旋具的型号。十字螺钉旋具的型号表示方法为刀头尺寸 × 杆长。十字螺钉旋具的刀头从小到大一般有七种规格：PH000、PH00、PH0、PH1、PH2、PH3、PH4，其代表了螺钉旋具刀头的十字槽口号。PH000 ~ PH4 对应的刀杆直径分别为 1.5mm、2mm、3mm、4.5 或者 5mm、6mm、8mm、10mm。十字螺钉旋具的刀杆长度一般和一字的相同，参考上文即可。例如，PH0×100mm 即表示十字槽口号是 PH0，杆长度是 100mm，如图 2-16 所示。一些制造商使用 0# 来表示 PH0，实际上是一样的。

图 2-16 **螺钉旋具的规格尺寸**

（2）使用与注意事项

1）螺钉旋具的选择。在使用螺钉旋具之前，首先要根据螺栓的类型和尺寸选择合适的螺钉旋具。十字适用于有十字形凹槽的螺栓，一字适用于有一字形凹槽的螺栓。此外，还需要根据螺栓的尺寸选择螺钉旋具的大小，以确保螺钉旋具能够紧密贴合螺栓的槽口，避免滑动和损坏。

2）螺钉旋具的使用方法。正确握持螺钉旋具可以提高工作效率，同时也能减少手部疲劳和受伤的风险。握持螺钉旋具时，应该将手指放在刀柄上方，用拇指和食指夹住刀柄，中指放在刀柄的侧面，这样可以提供更好的控制力和稳定性。同时，要确保手部和螺钉旋具的位置与螺栓的轴线方向相一致，这样可以更加轻松地施加力量，如图 2-17

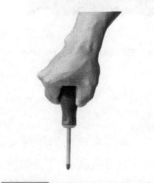

图 2-17 **握持螺钉旋具的姿势**

所示。

在使用螺钉旋具时，要注意施加适当的力。如果用力过大，容易造成螺钉旋具滑动或螺栓头损坏；如果用力过小，可能无法拧紧或拆卸螺栓。因此，要根据具体情况施加适当的力，可以根据螺栓的紧固程度和材质来调整。

在使用螺钉旋具时，要注意螺钉旋具的角度和方向。通常情况下，螺钉旋具应该与螺栓的轴线对齐，并用力沿着螺栓的轴线方向旋转。如果角度不正确，容易造成螺钉旋具滑动或损坏螺栓。此外，对于一些较深的螺栓孔，可以使用延长杆来延长螺钉旋具的长度，以便更好地操作。根据规格标准，顺时针方向旋转为旋紧；逆时针方向旋转则为松开。

（3）使用螺钉旋具的注意事项

1）不要用螺钉旋具旋紧或松开握在手中工件上的螺栓，应将工件夹固在夹具内，以防伤人。

2）不可用锤击螺钉旋具手柄端部的方法撬开缝隙或剔除金属毛刺及其他物体。

3）螺钉旋具的刀口损坏、变钝时应随时修磨，用砂轮磨时要用水冷却，无法修补的螺钉旋具，如刀口损坏严重、变形或手柄裂开应报废。

4）应根据旋紧或松开的螺栓头部的槽宽和槽形选用适当的螺钉旋具；不能用较小的螺钉旋具去旋拧较大的螺栓；十字螺钉旋具用于旋紧或松开头部带十字槽的螺栓。

5）电工必须使用带绝缘手柄的螺钉旋具。

6）使用螺钉旋具紧固或拆卸带电的螺栓时，手不得触及螺钉旋具的金属杆，以免发生触电事故。

二、测量工具介绍

游标卡尺是一种广泛使用的测量长度、内外径、深度的高精度量具。在国家博物馆中珍藏的"新莽铜卡尺"（图2-18）是全世界发现最早的卡尺，制造于公元9年，距今2000多年。

图2-18　新莽铜卡尺

（1）规格用途

游标卡尺由尺身和附在尺身上能滑动的游标尺两部分构成，如图2-19所示。尺身以毫米为单位，而游标上则有10、20或50个分格。根据分格的不同，游标卡尺可分为10分度游标卡尺、20分度游标卡尺、50分度游标卡尺。常用游标卡尺按其精度可分为三种，即0.1mm、0.05mm和0.02mm。游标卡尺的尺身和游标上有两副活动量爪，分别是内测量爪和外测量爪。内测量爪通常用来测量内径，外测量爪通常用来测量长度和外径，深度测量杆可用于深度测量。其外观结构如图2-19所示。

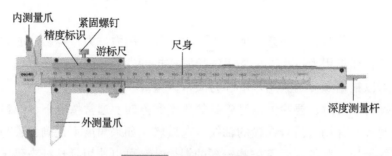

图 2-19　游标卡尺外观结构

游标卡尺具有结构简单、使用方便、精度中等和测量范围大等特点，可以用来测量零件的内外径、长度、宽度、厚度、深度和孔距等，应用范围广，属于万能量具，如图 2-20 所示。

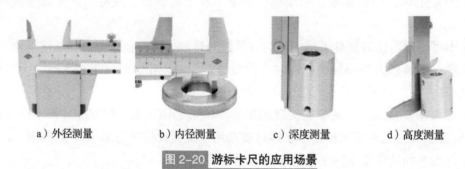

　a）外径测量　　　b）内径测量　　　c）深度测量　　　d）高度测量

图 2-20　游标卡尺的应用场景

（2）游标卡尺的使用

为防止意外所造成的人身伤害以及对设备的损坏，使用游标卡尺前要做好准备工作，并按照正确的步骤操作游标卡尺。

1）清洁并校零。用软布将量爪擦干净，使其并拢，查看游标尺和尺身的零刻度线是否对齐。如果对齐就可以进行测量，如图 2-21 所示。

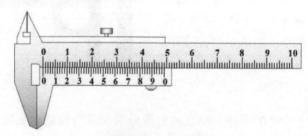

图 2-21　清洁并校零

如没有对齐，则要记录误差。游标尺的零刻度线在尺身零刻度线右侧的称为正零误差，在尺身零刻度线左侧的称为负零误差。

2）测量。测量时，右手拿住尺身，大拇指移动游标尺，左手拿待测外径（或内径）

的物体，使待测物位于外测量爪之间，如图 2-22 所示。当与量爪紧紧相贴时，即可读数。

a）测外径　　　　　　　　　　　　　　　　　b）测内径

图 2-22　测量时手势示意图

注意：卡尺两测量面的连线应垂直于被测量表面，不能歪斜，否则导致测量结果不准。

3）读数。

第一步：确认游标卡尺精度。假设使用的是 50 分度游标卡尺，它的尺身上标注有 0.02mm，精度即为 0.02mm，如图 2-23 所示。

第二步：具体读数，结果 = 尺身读数 + 游标尺读数。

第三步：如图 2-24 所示，尺身的刻度（A 位置）在 21～22mm 之间，所以尺身读数 21mm。

第四步：游标尺读数。如图 2-24 所示，游标尺 0 刻度没有与 21mm 尺身刻度重合，实际数值超过了 21mm。需要从左往右读取游标刻度，查看游标尺哪个刻度与尺身刻度重合。游标尺第 10 格位置（B 位置）与尺身重合，应在此处读数，游标尺每格为 0.02mm，所以游标尺读数为 $10 \times 0.02mm = 0.2mm$。

图 2-23　确认游标卡尺精度

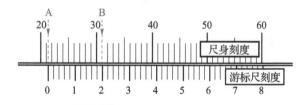

图 2-24　0.02mm 游标卡尺读数

最终结果：21mm+0.2mm=21.20mm（最后需要估算一位，小数点后保留两位）。

（3）使用游标卡尺的注意事项

1）使用游标卡尺时，决不可把卡尺的两个量爪调节到接近甚至小于所测尺寸，然后把卡尺强制地卡到零件上去。这样做会使量爪变形，或使其测量面过早磨损，使卡尺失去应有的精度。

2）游标卡尺是比较精密的测量工具，要轻拿轻放，不要用于测量表面粗糙的物体，以免损坏量爪。不使用时，要单独放置到干燥的地方，远离酸碱性物质，防止锈蚀。

3）使用游标卡尺测量零件时，应使两个量爪刚好接触零件表面，不允许过度施加压力。如果测量压力过大，不但会使量爪弯曲或磨损，而且量爪在压力作用下会产生形变，使测量值不准确。

4）在游标卡尺上读数时，视线应尽可能与卡尺的刻线垂直，以免造成读数误差。

5）为了获得正确的测量结果，可以多测量几次，即在零件的同一截面上的不同位置进行测量。对于较长零件，则应当在全长的各个部位进行测量，确保获得一个比较正确的测量结果。

技能实训

三、实训规则

1. 目的

为了规范实训教学，提供良好的实训环境，使教学实训安全、高效、有序地进行，特制定本规则。

2. 规则

1）学生要履行道德准则和行为规范，做到遵纪守法、诚实守信、文明礼貌、热爱劳动。

2）实训时，着装要整齐，摘掉戒指、手表、项链等物品，长发应盘起固定于脑后。

3）学生要做到上课不迟到、不早退；有事请假。

4）学生要认真学习知识，掌握操作工艺和安全规程。

5）学生要有集体意识和团队合作精神，听从教师指导，服从工位分配。

6）学生要有安全意识和质量意识，严格遵守操作规范，发扬工匠精神，保质、保量、按时完成实训任务。

7）学生要有环保意识，要爱护仪器设备和公共设施，要节约材料，时刻保持实训场地整洁美观。

8）学生在实训中，要有自我管理能力和职业规划的意识，要互教互学，取长补短。

9）学生应严格执行管理规范，下课后整理仪器设备、清理卫生、切断电源、关好门窗，经教师同意后，方可离开实训场地。

3. 实训注意事项

1）进入实训室进行任何实训操作前，需仔细阅读《实训室安全手册》，签订"实训室安全承诺书",参加实训室安全知识考试。

2）实训室必须按规定配备消防器材,落实防火、防盗、防污染、防事故等方面的防护措施。

3）实训前,实训人员必须按要求穿戴防护服、防护手套。

4）实训过程中,学生必须遵守实训室安全管理规定,听从实训室管理人员的安排,严格按照规程操作仪器设备,正确使用工具;有问题及时提问,不盲目操作,不野蛮操作。

5）实训结束后,应及时清理和打扫场地,保持实训室的干净和整洁。

6）最后离开实训室者,必须关闭电源、水源,关好门窗等。

四、实训项目

1. 装配工具的使用实训

（1）任务准备

扫手的使用

螺丝刀工具
的使用

1）操作设备:工作台、螺栓固定架。

2）工具／材料:工具箱、各种型号六角头螺栓及六角螺母、各种型号十字槽螺钉、一字槽螺钉。

3）人员分工:组长1名,记录人员1名,检验人员1名,操作人员若干。以上角色可通过选举、抓阄及教师指定等来担任,通过多个任务的训练,争取让每个学生轮流担任每个角色,以提升学生自身综合能力。

4）实训场地:智能网联汽车实训室。

（2）任务实施

实训前,首先确保实训设备零部件充足,工具齐备,能够正常使用;实训时,要有安全意识、质量意识、环保意识。实训过程中,要勇于创新,发扬精益求精的工匠精神。

任务要求:

1）认识各种类型扳手的构造,掌握扳手的选型、使用方法和注意事项。

2）认识螺钉旋具的构造,掌握螺钉旋具的选型、使用方法和注意事项。

防护工作

个人防护:实训人员穿好工装,戴好手套。

扳手的使用实训

步骤一：认识扳手的构造。

1）展示工具箱中的各种工具，让学生来选择其中的扳手工具。

2）让学生展示选出的各款扳手，进行观察、比较，描述每种扳手的特点和使用场景。

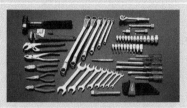

①梅花扳手。梅花扳手端面有梅花状钳口。特点：适用于小角度操作；能够拆装水平面上的六角头螺栓或螺母；承受力矩大，不易损坏螺母。

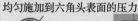
均匀施加到六角头表面的压力

②内六角扳手。内六角扳手是 L 形的六角棒状扳手，专用于拧转内六角沉头螺栓。其手柄较短，降低了使用者施加到螺栓的力矩。

③活扳手。开口宽度可调节，能紧固和拧松不同规格的螺母和螺栓。特点：可用于标准的米制螺栓和英制螺栓，还可用于非标准螺栓；不能施加过量力矩，使用时应注意用力方向。

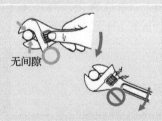
无间隙

④呆扳手。一端或两端带有固定尺寸的开口，开口尺寸与螺栓头、螺母的尺寸相对应，为标准尺寸。特点：可通过扳动扳手，在有限空间中进一步获得旋转角度。

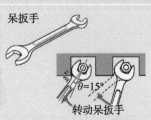
呆扳手

θ=15°

转动呆扳手

步骤二：选择扳手。

指出需要安装的零件和位置，让学生们自己选择合适的扳手工具，并说明选择的理由。

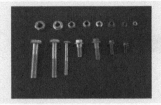 

步骤三：零件的安装。

1）将扳手套入螺栓头或螺母的六角边，确保扳手与六角边完全贴合。

2）推动或拉动扳手手柄，拧动螺栓，用力要均匀，不要暴力拧动。将螺栓按标准力矩拧紧。

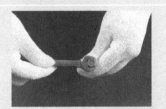 

3）学生互相检查扳手使用是否标准，互相指出问题并加以改正。

螺钉旋具的使用实训

步骤一：认识螺钉旋具的构造。

1）展示工具箱中的各种工具，让学生来选择其中的螺钉旋具工具。

2）学生展示选出的螺钉旋具，进行观察、比较，描述螺钉旋具的构造特征。

①一字螺钉旋具。一字螺钉旋具适用于一字槽螺栓。

②十字螺钉旋具。十字螺钉旋具适用于十字槽螺栓。

步骤二：选择螺钉旋具。

制定使用螺钉旋具拧螺栓的场景，让学生们自己选择合适的螺钉旋具。

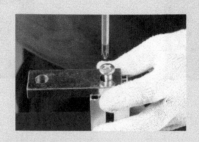

步骤三：十字槽或一字槽螺栓的紧固。

1）正确使用螺钉旋具，紧固螺栓。

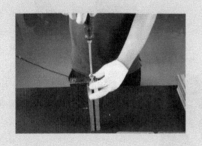

2）学生之间互相检查螺栓是否紧固到位。

（3）任务评价

可参照任务评估表，对本次任务进行评价。

游标卡尺的使用

2. 测量工具的使用实训

（1）任务准备

1）操作设备：工作台。

2）工具／材料：游标卡尺、待测零件、抹布。

3）人员分工：组长 1 名，记录人员 1 名，检验人员 1 名，操作人员若干。以上角色可通过选举、抓阄及教师指定等来担任，通过多个任务的训练，争取让每个学生轮流担任每个角色，以提升学生自身综合能力。

4）实训场地：智能网联汽车实训室。

（2）任务实施

实训前，首先确保实训设备零部件充足，工具齐备，能够正常使用；实训时，要有安全意识、质量意识、环保意识。实训过程中，要勇于创新，发扬精益求精的工匠精神。

任务要求：

认识游标卡尺的构造，学会游标卡尺使用方法和读数。

实训前防护

个人防护：实训人员穿好工装，戴好手套。

游标卡尺的使用实训

步骤一：认识游标卡尺的构造。

1）展示工具箱中的各种工具，让学生来选择其中的游标卡尺。

2）学生展示选出的游标卡尺，进行观察，描述游标卡尺的精度和用途。

①实物了解游标卡尺的结构，让学生回答游标卡尺各部分的名称及作用。

②让学生描述游标卡尺的种类及分类方法。

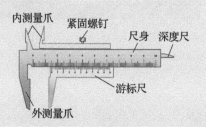

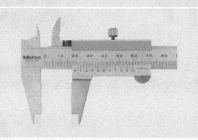

步骤二：使用游标卡尺测量零件。

1）清洁并校零。用软布将量爪擦干净，使其并拢，查看游标尺和尺身的零刻度线是否对齐。如果对齐就可以进行测量了。

2）测量零件的内径、外径、深度和宽度。

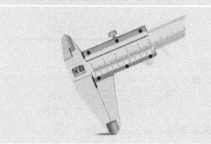

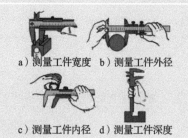

a）测量工件宽度 b）测量工件外径

c）测量工件内径 d）测量工件深度

①测量内径。先把卡尺的活动量爪闭合，使得量爪伸入到零件内部空隙中，把零件贴靠在固定量爪上，然后移动游标尺，用轻微的压力使活动量爪接触零件，保证量爪与接触面垂直，然后拧紧锁紧螺母。将卡尺水平放置进行读数，并记录当前读数。

②测量外径。先把卡尺的活动量爪张开，使量爪卡进工件，然后移动游标尺，用轻微的压力使活动量爪接触零件，然后拧紧锁紧螺母。将卡尺水平放置进行读数，并记录当前读数。注意：卡尺两量爪连线应垂直于被测表面，不能歪斜。

③测量高度。尺身量爪的顶部平面与零件下表面平齐，游标量爪顶部平面与零件上表面平齐，拧紧锁紧螺母。将卡尺水平放置进行读数，并记录当前读数。

④测量深度。调整尺身使之与零件的外壁平行，然后把卡尺的深度尺插入零件孔内，确保深度尺接触到测量面，拧紧锁紧螺母。将卡尺水平放置进行读数，并记录当前读数。

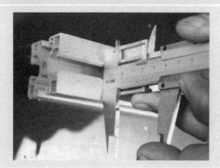

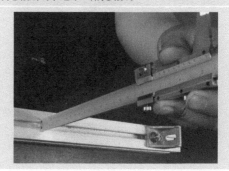

（3）任务评价

可参照任务评估表，对本次任务进行评价。

任务小结

本任务主要是对装配及测量工具的相关概念、使用方式等进行了介绍，让学生对常见的装配和测量工具——扳手、螺钉旋具以及游标卡尺有一个清晰的认知，主要内容如图 2-25 所示。

常用的拆装工具的使用方法及注意事项　　　　练习使用常用拆装工具

计算平台装配及
测量工具选择

游标卡尺的使用方法和注意事项　　　　练习使用游标卡尺

图 2-25　本任务主要内容思维导图

课程思政案例

陈尧咨百步穿杨的射箭技术与卖油翁倒油滴油不沾的本领，都源于熟能生巧。无论是陈尧咨射箭百发百中，还是卖油翁倒油滴油不沾，都源于他们的勤学苦练和反复实践。凡是那些在各行各业出类拔萃的成功人士，尽管成就有所不同，但是他们都有一个共同特点，就是热忱、专注和勤奋。因为热忱，所以能够产生强大的动力与能量；因为专注，所以才能全身心地投入其中，心无旁骛地勇往直前；因为勤奋，所以才能练就一身本领。

在进行装配工具和测量工具的教学和实践时，我们也应该热忱、专注、勤奋，只要肯下功夫，勤学苦练、反复实践，就能找出很多窍门，工具的使用也会得心应手。

任务 2 计算平台拆装

任务目标

- 了解典型的计算平台。
- 了解计算平台的外部结构。
- 能够熟练使用工具，完成计算平台的拆装。

情景导入

最近组装车间新来了一批技术人员，对于智能网联汽车计算平台的安装与调试不太了解，你作为公司有经验的技术人员，如何对新人进行培训，讲解计算平台的拆装，让他们更快投入工作中呢？

应知应会

一、计算平台的选型

计算平台是智能网联汽车的"大脑"，它实时处理车辆行驶和信息交互过程中海量的数据，实时进行感知、决策、规划和控制，实现汽车的自动驾驶与网联。计算平台对数据处理有实时的要求，其性能和设计会直接影响自动驾驶系统的稳定性和实时性。随着智能网联技术的发展，车载智能计算平台类型越来越丰富。下面对几种典型的计算平台进行介绍。

1. 基于 NPU（嵌入式神经网络处理器）的计算平台

华为 MDC 平台提出了 NPU 概念，针对自动驾驶场景需求，华为公司推出了 MDC 智能驾驶计算平台解决方案，即装在车轮上的移动数据中心（Mobile Data Center）。华为目前的核心产品是 L4 级全栈智能驾驶解决方案和 MDC 智能驾驶计算平台，两者都是基于华为自研的 AI 芯片、CPU 和操作系统，而后者是前者的核心。华为 MDC 智能驾驶计算平台在智能领域先人一步，该平台采用达芬奇架构，NPU 算力高达 400TOPS，CPU 算力高达 440KDMIPS，具备双重安全冗余，可实现高阶主动式电磁悬架（Magnetic Ride Control，MRC），更有独立的 MCU 安全监控。

MDC 智能驾驶计算平台基于华为昇腾系列 AI 芯片。当前华为已经推出了 MDC 600 和 MDC 300 两个计算平台，分别对应 L4 和 L3 级别自动驾驶，可满足交通拥堵自动驾驶（Traffic Jam Pilot，TJP）、高速路自动驾驶（Highway Pilot，HWP）、自主泊车辅助系统（Auto Valet Parking，AVP）等功能需求。

TJP 是指交通拥堵情况下的自动驾驶。路况约束为高速公路或者城市快速路等结构化道路场景，在交通拥堵的情况下，可以跟车行驶，一般限速 60km/h 以下。

HWP 是指高速公路情况下的自动驾驶。路况约束为高速公路或者城市快速路等结构化道路场景。

AVP 是指自主泊车辅助系统，车辆可以自行进入完全陌生的停车场，不要求驾驶员在车内。

MDC 300 产品根据散热方式不同，分为风冷和液冷两个形态（图 2-26）：风冷型号为 MDC 300F；液冷型号为 MDC 300。

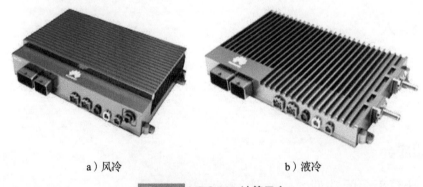

a）风冷　　　　　　　　　　　　b）液冷

图 2-26 MDC 300 计算平台

由于智能驾驶对计算性能要求很高，所以 MDC 涉及多个处理单元，包括 CPU 处理器、AI 处理器、图像处理器、存储处理器等，并通过数据总线、车载以太网、MCU 与 LAN-Switch 等部件通信。数据交换模块主要负责其余各个模块的数据交互，图像处理模块可以把摄像头的原始数据处理成 YUV 格式或者 RGB 格式。AI 处理模块主要用来做 AI 计算，主要是 NN 计算，可以进行摄像头的 AI 处理，或者摄像头和激光雷达融合的 AI 计算。CPU 模块主要提供一些整型计算，可以用来部署后融合、定位、规控等应用软件算法。MDC 的内置存储器是 128GB 的 SSD（固态硬盘）。

CPU、GPU 需要用数千条指令完成的神经元处理，NPU 只要一条或几条就能完成，因此 NPU 在深度学习的处理效率方面优势明显。

2. 基于 GPU（图形处理器）的计算平台

GPU 相对 CPU 有很多优势，例如，在进行浮点运算、并行计算方面可以达到十倍到百倍的性能加强，利用 GPU 进行机器学习模型的训练相比使用 CPU 会节省大量的时间。同时利用 GPU 在云端进行识别和分类，会占用更少的基础设施，支持的数据容量也会扩大 10～100 倍。

智行者公司推出了车规量产智能驾驶计算平台解决方案，这是一个能满足车规要求和具备大规模量产能力的控制单元，可以满足汽车主机厂对成本、性能和功耗三方面的严格要求。智行者公司研发的 Brain Box Plus 智能驾驶计算平台如图 2-27 所示，其采用 NVIDIA Xavier NX 双模块处理器 + 英飞凌公司的 TC297 功能安全处理器的异构计算平台，集成了多

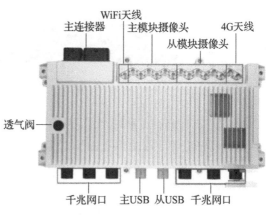

图 2-27　智行者智能驾驶计算平台框架

种通信、六口交换机、4G、视频等模块，拥有 CAN、以太网、USB、RS232 等丰富接口。智行者计算平台搭载了 AVOS，提供核心的自动驾驶功能、视频推流功能、数据记录功能等。

3. 基于 FPGA（半定制电路）的计算方案

FPGA 是 GPU 在算法加速领域的最强竞争对手，它的主要优点是功耗低、成本低、性能高、硬件配置灵活、可编程等。相对 CPU 和 GPU 来说，FPGA 的价格便宜，在功耗有限制的条件下可以达到较高的性能，该特点使得 FPGA 很适合对传感器的数据进行预处理。此外，FPGA 还有可升级迭代的优点。目前 FPGA 在深度学习和无人驾驶领域已有许多应用，典型的有百度公司的 FPGA 版 AI 专用芯片。百度公司的机器学习硬件平台使用 FPGA 来设计芯片，相比其他芯片构成的系统，它在完成同等处理性能的任务时所消耗的能耗更低，同时所需求的存储带宽也比较低。原因就是 FPGA 的计算结果无需调用主存储器用于临时保存，而是可以直接向下反馈。

百度公司推出车规量产智能驾驶计算平台解决方案——ACU（Apollo Computing Unit），如图 2-28 所示。ACU 是百度公司自行设计和研发的满足车规要求和具备大规模量产能力的控制单元，能满足汽车主机厂对成本、性能和功耗三方面的要求。其中

ACU-Advanced 目前设计目标为 L3 自动驾驶硬件平台，聚焦于实现 AVP（Automated Valet Parking）的功能，同时可以兼容 TJP（Traffic Jam Pilot）、HWP（Highway Pilot）、AVM 等主要功能。

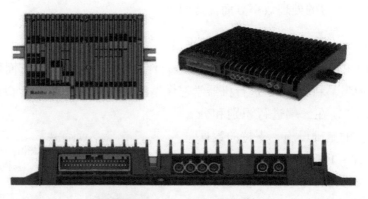

图 2-28 百度 ACU 第一代硬件平台

ACU-Advanced 系列产品根据汽车行业的严格要求，主要通过被动散热手段避免因风冷所用风扇导致的单点故障以及液冷带来的整车成本上升。ACU-Advanced 计算平台框架结构如图 2-29 所示。

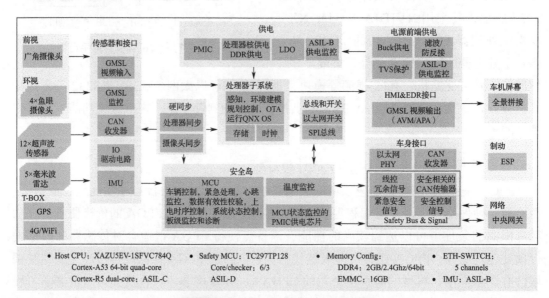

- Host CPU：XAZU5EV-1SFVC784Q
  Cortex-A53 64-bit quad-core
  Cortex-R5 dual-core：ASIL-C
- Safety MCU：TC297TP128
  Core/checker：6/3
  ASIL-D
- Memory Config：
  DDR4：2GB/2.4Ghz/64bit
  EMMC：16GB
- ETH-SWITCH：
  5 channels
- IMU：ASIL-B

图 2-29 百度 ACU 计算平台总体架构

由于 FPGA 的灵活性，很多使用通用处理器或 ASIC 难以实现的底层硬件控制操作技术，利用 FPGA 可以很方便地实现。该特性为算法的功能实现和优化留出了更大空间和可修改性。

功耗方面，FPGA 也具有天生的优势。CPU 执行指令，需要有指令存储器、译码器、各种指令的运算器及分支跳转处理逻辑参与运行，而 FPGA 每个逻辑单元的功能在重编程时就已经确定，不需要指令且无需共享内存，从而可以极大地降低单位执行的功耗，提高整体的能耗比。

综合以上优势，FPGA+CPU 架构的自动驾驶平台有着高灵活性、高效率、低能耗、可编程和成本低等特点。相对于 GPU 来说，FPGA 有明显的性能、成本和能耗优势。FPGA 正越来越多地被一大批拥有技术实力的公司使用，如 Waymo、百度、福特、通用等。

4. 基于 ASIC（专用集成电路）的计算方案

专用集成电路（Application Specific Integrated Circuit，ASIC）设计是指创建定制集成电路以执行特定应用的特定功能的过程。与现场可编程门阵列（FPGA）和微控制器等通用集成电路不同，ASIC 在设计时只考虑单一用途，这使得它们能够为预期任务提供卓越的性能、功效和成本效益。ASIC 的特点与 FPGA 比较相近，都有从原理图到数字系统建模再到软件仿真等设计步骤，数字 ASIC 的设计者通常使用硬件描述语言（HDL），如 Verilog 或 VHDL 来描述 ASIC 的功能。目前随着功能尺寸的缩小和设计工具的改进，ASIC 中可能的最大集成度已经从 5000 个逻辑门增长到 1 亿多个。现代 ASIC 通常包括整个微处理器、内存块，还包括 ROM、RAM、EEPROM、闪存等其他大型构建模块。这种 ASIC 通常称为 SoC（片上系统）。

地平线公司在 CES 2020 上推出了自动驾驶计算平台 Matrix 2.0，如图 2-30 所示。该平台面向多层次、多场景的未来自动驾驶，搭载地平线征程二代车规级芯片，具备极致性能与高可靠性，可满足 L2~L4 级别的自动驾驶需求，为自动驾驶客户提供感知层的深度赋能。

a）多摄像头版本　　　　　　　　　　　b）单摄像头版本

图 2-30 Matrix2.0 多摄像头版本和单摄像头版本

Matrix 2.0 具备高性能、低功耗等特点，可满足不同场景下高级别自动驾驶运营车队以及无人低速小车的感知计算需求。

图 2-31 所示为 Matrix 2.0 的框架结构。通过提供基础的芯片＋工具链，并向开发者提供先进的模型编译器、完备的训练平台、场景驱动的 SDK（Software Development

Kit，软件开发工具包）、丰富的算法样例等工具和服务，赋予汽车感知、建模的能力，实现车内车外智能化，用边缘 AI 芯片全面赋能智能驾驶。

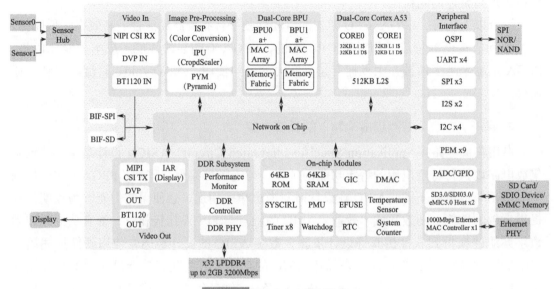

图 2-31 Matrix2.0 框架结构

ASIC 与 FPGA 相比，其优点是，作为集成电路技术与特定用户的整机或系统技术紧密结合的产物，具有体积更小、质量更轻、功耗更低、可靠性提高、性能提高、保密性增强、成本降低等优点。目前，使用 ASIC 的计算方案，采用 CPU + ASIC 架构的车载计算平台有 Mobileye、地平线等新兴科技公司。地平线是国产芯片企业，旗下专注智能驾驶的征程（Journey）系列 AI 芯片征程 2 已经在长安 UNI-T 上实现量产前装，是中国第一款实现汽车前装量产的 AI 芯片。

如何选择智能网联汽车计算平台，需要综合考虑多方面因素，包括用途、涵盖功能、软硬件设备等。

二、计算平台外部结构介绍

1. 外部结构简介

本任务以 X509 计算平台为例进行介绍。计算平台外部结构如图 2-32 所示。X509 为一款基于 NVIDIA Jetson Xavier NX/TX2 NX 模块设计的新型飞云智盒，默认内置集成 384 核 Volta 架构 GPU 的 Xavier NX 模块，预装 Ubuntu 操作系统，具备 21TOPS 浮点运算的 AI 处理能力。它采用超级强固轻型铝合金材料设计，具备优秀的散热能力，整体尺寸小巧轻便，预留有便于现场安装的侧翼结构，具备现场 7×24h 超长 MTBF 稳定运行能力，可应用于机器人、无人配送车、智能闸机、智能售货柜等自主化机器，是边缘端部署 AI 算力进行深度学习的理想载体。X509 工作温度为 -25～+55℃，低功耗，安全级别高，可满足各种苛刻条件。

Xavier NX 飞云智盒导冷版（V2.0）内置 Xavier NX 模块，预装 Ubuntu 18.04，内置 16GB eMMC；接口包括 1 × USB 3.0，1 × USB 2.0，1 × Micro USB OTG，1 × Mini HDMI，1 × GbE，1 × Micro SD，1 × Debug UART，2 × RS232，1 × SPI，2 × I2C，2 × CAN，1 × Mini PCIe（加转接卡 SSD 可选配），WiFi 及蓝牙可选配；含线包（HDMI × 1+Micro USB 转 USB TYPE-A 公头系统烧录线 × 1）；含电源适配器，提供瑞泰新时代 RTSLinux4Tegra 软件支持包，通过 3C 及 CE 认证。

a）正面和侧面　　　　　　　　　　　　　　　b）背面

图 2-32 计算平台外部结构

2. 安全规范

使用智能网联汽车计算平台需要注意一些事项，具体如下。

1）电池作为一切动力的来源，是电动汽车最特殊也最重要的部件，为了增加设备使用寿命，确保稳定正常运行，需要定期对电池进行维护及保养。

2）当发现设备有过热、异响时需及时检查，如不能解决，需专业人员检查后才能使用，以免造成严重事故。

3）设备工作环境必须通风良好。

4）请勿在较大灰尘的环境中使用设备。

5）请勿在阳光直射或潮湿的环境中使用设备。

6）在设备运行过程中禁止随意拔插电器插接器，以免发生意外。

7）为了保证设备的安全可靠，放置好设备后，应刹住设备上的制动脚轮。

8）注意平稳推移，请勿在坎坷路面急速移动台架。

9）定期用干净的棉布对设备进行清洁。

10）不得使用含有腐蚀溶剂的物品清洁设备。

11）爱护设备，定期清洁设备尘土。

12）定期检查线路，发现线路老化、端子锈蚀、端子松动现象，应及时处理。

13）每周应起动台架一两次，定期保养维修。

14）使用完毕后，务必及时关闭设备和电源总开关。

技能实训

实训设备介绍

本任务以智能网联教学车为载体，开展对智能网联汽车决策系统计算平台拆装的实训。智能网联教学车外观如图 2-33 所示。专业的教具 + 专门的教材，让学生的理论和实操学习更轻松，更深入。

需要注意，智能网联教学车的动力蓄电池需要定期进行维护及保养，如发现设备有过热、异响需及时检修，以免造成严重事故。

图 2-33 智能网联教学车外观

计算平台的加装　　计算平台的拆卸

三、实训项目

计算平台在整车上的安装与拆卸

（1）任务准备

1）操作设备：计算平台、智能网联教学车。

2）工具 / 仪器：螺钉旋具套装、游标卡尺。

3）人员分工：组长 1 名，记录人员 2 名，检验人员 2 名，操作人员若干。以上角色可通过选举、抓阄及教师指定等来担任，通过多个任务的训练，争取让每个学生轮流担任每个角色，以提升学生自身综合能力。

4）实训场地：智能网联汽车测试装调实训室。

（2）任务实施

计算平台在车辆上的安装位置，应远离有电磁干扰、热辐射和振动大的地方。

任务要求：
能够熟练掌握计算平台在整车上安装与拆卸的方法。

防护工作	
个人防护：实训人员穿好工装，戴好手套。	车辆防护：安装车内、车外防护装置。

车内防护　　　　车外防护

计算平台的加装

步骤一：计算平台加装前准备。

1）检查确认点火开关及自动驾驶系统电源开关处于 OFF 档状态。

2）断开辅助蓄电池负极电缆，将控制开关调到 OFF 档。

步骤二：计算平台尺寸测量，确定计算平台的安装位置。

1）使用游标卡尺，测量计算平台的长度、宽度和高度，分别是 148.40mm × 111.26mm × 66.24mm。

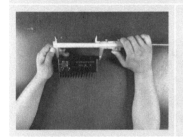 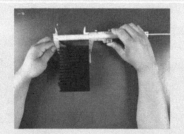 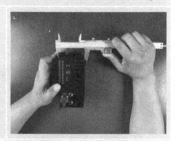

2）根据计算平台尺寸，确定其安装位置。

①根据计算平台接口插头布线需要的空间及计算平台散热需求，计算平台的安装空间需＞348.40mm × 311.26mm × 166.26mm。

②智能网联教学车的计算平台设计安装在行李舱自动驾驶部件安装台架左后角位置。

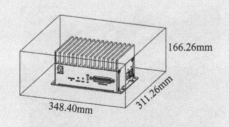 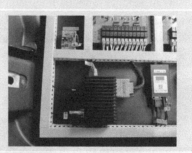

3）测量计算平台的安装位置。使用游标卡尺测量计算平台安装孔的位置，使用记号笔标记计算平台四个安装孔的位置，并进行打孔处理。注意：已完成打孔，不需要重新打孔。

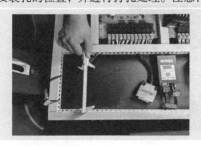 

步骤三：安装计算平台。

1）将计算平台放置到安装位置，注意根据接口与线束插接器的位置正确放置。

2）选择型号合适的十字螺钉旋具，安装计算平台的四个固定螺栓，四个螺栓按对角顺序紧固，紧固力矩为 8 ~ 10N·m。

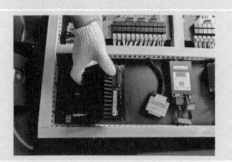

步骤四：安装计算平台接口插接器。

依次连接计算平台的电源接口、HDMI 接口、以太网接口、两个 USB 接口和多功能插接器。

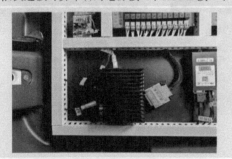

步骤五：确认计算平台的工作状态。

1）安装辅助蓄电池的负极电缆。

2）将点火开关调到 ON 档。

3）将自动驾驶系统电源开关调到 ON 档，确认计算平台正常启动。

计算平台的拆卸

步骤一：拆卸前准备。

确认断开自动驾驶系统的电源开关；确认关闭车辆的点火开关；断开辅助蓄电池的负极电缆。车辆断电后，等候 5min。

步骤二：断开计算平台上的插接器。

1）断开计算平台右侧的多功能插接器。用手拧松多功能插接器上的两个固定螺栓，然后拔下多功能插接器。

 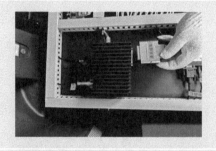

2）断开计算平台背面的 USB 接口、以太网接口。　　3）断开计算平台左侧的电源接口、HDMI 接口。

 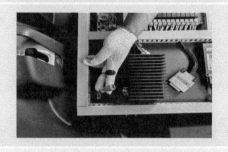

步骤三：拆卸计算平台。

拆卸计算平台的固定螺栓。选择正确型号的十字螺钉旋具拆卸计算平台的四个固定螺栓，从车上取下计算平台妥善放置，完成计算平台的拆卸。

 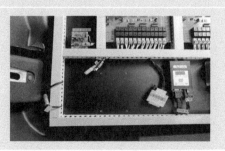

（3）任务评价

可参照任务评估表，对本次任务进行评价。

任务小结

本任务主要是对计算平台的选型、结构和拆装等进行了介绍，让学生学到计算平台的布置及拆装的相关知识，主要内容如图2-34所示。

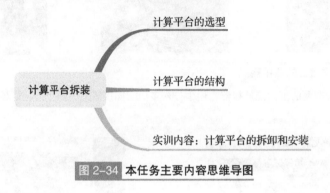

图 2-34 本任务主要内容思维导图

课程思政案例

胡双钱，上海飞机制造有限公司高级技师，一位坚守航空事业，加工数十万飞机零件无一差错的普通钳工。他心里清楚，一次差错可能就意味着无可估量的损失。他用自己总结归纳的"对比复查法"和"反向验证法"，在飞机零件制造岗位上创造了35年零差错的纪录，连续12年被公司评为"质量信得过岗位"，并被授予产品免检荣誉证书。

大国工匠胡双钱的事迹使我们明白从工程设计到安装的每一个环节都不能马虎，哪怕只是一颗小小的螺钉都不能忽视。我们要向广大工程技术人员学习，培养善于钻研、不畏困难的工匠精神。同时在进行相关实践中，我们要严格遵守操作规范，培养责任意识和职业素养。

项目三　计算平台软件部署

项目引言

车辆应用建立在功能软件基础上，功能软件通过统一的应用软件接口为应用软件提供调用和服务。应用软件的开发和运行可以不依赖具体传感器和车型，不同的市场参与方都可以开发应用。应用软件可以被打包、部署、启动、调度和升级。应用程序的功能可通过用户、路端以及云端来定义，并通过应用场景触发。借助功能软件层的支撑，应用软件的开发将向轻量化方向发展，越来越聚焦在业务逻辑本身所决定的规则制定上。

应用软件接口不仅涉及应用程序的运行，还涉及应用软件的开发。系统软件供应商应该为应用软件开发提供统一的开发环境和工具，可以给用户不同形式的软件开发工具包，例如，环境模型、功能配置、各种算法软件开发工具包，以及包括应用开发所必需的工具链、软件包、开发接口、开发文档、示范应用和配置等。

通过对本项目的学习，读者可以了解智能计算平台的系统，并能够独立通过命令查看计算平台软件的信息、独立完成计算平台测试软件参数的调试工作。

项目目标

知识目标：

1）了解计算平台常用的操作系统（Linux 系统）。

2）了解并掌握 Linux 系统常用的命令。

3）了解并熟悉计算平台应用软件中的自动驾驶参数。

4）熟悉计算平台应用软件中自动驾驶软件的调试方法。

技能目标：

1）能够独立给计算平台安装 Linux 系统。

2）能够熟练使用 Linux 系统常用命令。

3）能够独立打开计算平台应用软件并调试自动驾驶系统相关参数。

素养目标：

1）培养综合学习能力。

2）培养构建严谨的思维模式。

3）养成严谨的工作方法和工作习惯。

任务 1 计算平台操作系统的介绍及使用

任务目标

- 了解计算平台的操作系统和基本命令。
- 能够独立通过命令简单应用计算平台的操作系统的功能。
- 能够独立部署计算平台的操作系统。

情景导入

最近新来的一名技术员对于如何使用计算平台的命令不太了解，你作为一名资深技术员如何准确地为他介绍一下相关命令？如何帮助他自主完成通过命令查看计算平台软件信息的工作。

应知应会

一、计算平台操作系统的介绍

1. Ubuntu 系统

Ubuntu 是一个以桌面应用为主的 Linux 发行版操作系统，其名称来自非洲南部祖鲁语或豪萨语的 ubuntu 一词，意思是"人性""我的存在是因为大家的存在"，是非洲传统的一种价值观。Ubuntu 基于 Debian 发行版和 GNOME 桌面环境，但从 11.04 版起，Ubuntu 发行版放弃了 GNOME 桌面环境，改为 Unity。此前人们认为 Linux 难以安装、难以使用，在 Ubuntu 出现后这些都成为历史。

Ubuntu 拥有庞大的社区力量，用户可以方便地从社区获得帮助。自 Ubuntu 18.04 LTS 起，Ubuntu 发行版又重新开始使用 GNOME3 桌面环境。具体图标如图 3-1 所示。

图 3-1 Ubuntu 系统图标

2. Ubuntu 图形界面

（1）任务栏

Ubuntu 的任务栏在屏幕的左侧，在图标按钮上按住鼠标不松手，可以拖曳其位置，单击右键，可以从任务栏删除图标。具体如图 3-2 所示。

（2）窗口操作按钮

分别对应关闭 / 最小化 / 还原窗口，具体如图 3-3 所示。

图 3-2 任务栏效果图

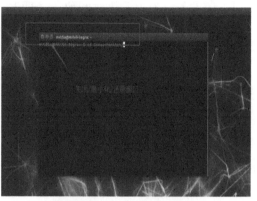

图 3-3 窗口操作按钮效果图

（3）Linux 系统目录结构

与 Windows 系统相比，Linux 操作系统最大不同点在于不分区磁盘，全部磁盘作为系统的根目录。目录详解见表 3-1。

表 3-1　Linux 系统目录详解

目录名称	功能介绍	目录名称	功能介绍
/bin	存放二进制文件	/proc	内存映射目录
/sbin	存放二进制文件（可执行文件），只有 root 用户可以访问	/var	临时数据
/boot	系统的核心目录，存放系统的启动程序文件	/tmp	存放临时文件
/dev	存放系统的硬件配置文件	/root	超级用户管理员对应的家目录
/etc	存放系统的配置文件（网络配置）	/usr	一般存放安装的程序，共享系统资源
/home	家目录，为每一个用户创建一个独立的目录	/lib	系统的资源文件库
/mnt	通常包含一些子目录，每个子目录是某种特定设备类型的一个挂载点	/opt	用来安装附加软件包，是用户级的程序目录，供大型软件安装选用

3. 基本命令介绍

为了便于操作，下面介绍 Linux 常用的基本操作命令，这些操作将会贯穿整个任务中，需多加练习以便掌握 Linux 基本操作。

（1）命令格式

通常包含："命令名 [– 选项] [参数]"。

1）命令名：表示要执行的命令，如 ls、pwd 等。

2）选项：用于调整命令的功能。可有可无，如果有可以有一个或者多个选项，多个选项可以合并，例如：-r。

3）参数：命令操作的对象，一般是文件名或者目录名。可有可无，如果有可以有一个或者多个参数，例如：cd 目录名 / 文件名、mkdir 目录名，这些文件名、目录名就是参数。

4）[] 代表可选择的意思，细节如图 3-4 所示。

图 3-4 命令格式实例

（2）开关机命令

开关机命令见表 3-2。

表 3-2　开关机命令

命令	功能	命令	功能
reboot	重启计算机	poweroff	立即关闭计算机

（3）文件管理命令

1）ls 命令。ls（list files 的缩写，中文为列出文件）命令用来查看指定目录中有哪些内容。

语法：ls[选项] [参数]。

ls 常用命令见表 3-3。ls 命令语法中的"参数"是指目录名称（dirname）。

表 3-3　ls 常用命令

命令	功能	命令	功能
ls	list 表示显示文件	ls –a	显示全部文件包含隐藏文件
ls dirname	查看指定目录下对应的内容	ls –l	显示文件详情（创建者、创建时间、权限）

① ls 命令。不带任何参数运行 ls 命令将列出当前工作目录的内容，具体如图 3-5 所示。

② ls dirname 命令。ls dirname 是指在 ls 后面加上绝对路径或者相对路径，来获取指定路径下的目录，以 "/etc/" 目录为例，具体如图 3-6 所示。

图 3-5 ls 命令效果图

图 3-6 ls /etc/ 命令效果图

③ ls –a 命令。一个目录总是包含一些隐藏的文件，使用 ls –a 命令可以展示目录中的所有文件，具体如图 3-7 所示。

④ ls –l 命令。ls –l 别名 "ll"，用于调取每一个文件的详细信息，例如，文件权限、链接数、所有者名称和群组所有者、文件大小、最后修改的时间和文件 / 目录名称，具体如图 3-8 所示。

图 3-7 ls –a 命令效果图

图 3-8 ls –l 命令效果图

❓ 问一问

图 3-8 中，ls–l 命令输出中部分内容的含义是什么？

下面以图 3-8 第一行输出内容为示例，介绍每行的含义。

-rw-rw-r-- 1 aaronkilik aaronkilik 7750138 Oct 3 11:09 2.4.3.tar.gz

1）-rw-rw-r--：文件权限。第一个字符指示文件类型（- 表示普通文件，d 表示目录，l 表示链接）。接下来的三个字符组分别表示文件所有者、群组和其他用户的权限（r 表示读权限，w 表示写权限，x 表示执行权限，- 表示无权限）。

2）1：文件的硬链接数。硬链接数表示有多少个文件名指向同一个索引节点。

3）aaronkilik：文件所有者的用户名（user）。

4）aaronkilik：文件所有者所在的群组名（group）。

5）7750138：文件大小，单位通常为字节。

6）oct 3 11：09：文件的最后修改日期和时间。

7）2.4.3.tar.gz：文件名。

2）cd 命令。用于切换当前工作目录。通过 cd 命令，可以轻松地在不同的目录之间进行切换，以便进入目标目录执行相应的操作。

语法：cd [选项] [参数]。

cd 常用命令见表 3-4。语法中"参数"指目录（dirname）。

表 3-4　cd 常用命令

命令	功能	命令	功能
cd dirname	跳转到指定文件夹目录下	cd 或 cd ~	直接进入用户的主目录
cd ..	返回父目录（上一级目录）	cd /	进入根目录

① cd dirname 命令。用于切换到指定目录，"dirname"（目录名）指目录参数。例如：dirname 为 /opt/games 目录时，命令为 "cd /opt/games"，具体如图 3-9 所示。

图 3-9　cd dirname 命令效果图

② "cd .."命令。用于切换到当前目录的上一级目录。例如，当前位于 "/opt/games"目录，执行该命令后，将回到 "/opt"目录，具体如图 3-10 所示。

图 3-10　cd .. 命令效果图

③ cd 命令。用于切换到用户主目录。通过输入 cd 命令（不带任何参数），可以直接切换到当前用户的主目录。无论当前位于系统的哪个目录，执行该命令后，都会返回到主目录，具体如图 3-11 所示。

图 3-11　cd 命令效果图

④ "cd ~"命令。切换到当前用户的主目录，该命令和直接输入 cd 命令的效果是一样的。

3）rm 命令。rm（remove，移除）用于删除文件或目录，是常用的命令之一，用于清理不再需要的文件和文件夹。

语法：rm [选项] [参数]。

语法中的"参数"为目录或文件。rm 命令常用选项，以及"rm 选项 [参数]"组成新命令的功能，见表 3-5。

表 3-5　rm 命令常用选项

选项	功能	选项	功能
–i	在删除前进行提示，需要手动确认是否删除	–f	强制删除，不提示任何信息
–r/–R	递归删除目录及其内容，用于删除非空目录	–v	显示删除的详细信息

① "rm 参数" 命令。

a）删除一个文件。命令格式：rm 参数。例如：删除一个名为 test.txt 的文件，命令如下。

```
rm test.txt
```

b）删除多个文件。命令格式：rm 参数 ...。例如：删除多个文件，命令如下。

```
rm test.txt test1.txt test2.txt
```

② "rm –i 参数" 命令。为交互模式，会询问是否继续删除，命令及反馈如下。

```
rm -i test.txt test1.txt
rm: 是否删除普通空文件 "test.txt"？y
rm: 是否删除普通空文件 "test1.txt"？n
```

③ "rm –v 参数" 命令。可以了解在删除文件时都发生了什么，命令及反馈如下。

```
rm -v test.txt test1.txt
已删除"test.txt"
已删除"test1.txt"
```

4）mv 命令。mv 即 move 的缩写，用于重命名文件或移动文件。

语法：mv [选项] [参数]。

语法中的"参数"指文件或文件夹。mv 命令的常用选项，以及"mv 选项 [参数]"组成命令的功能，见表 3-6。

表 3-6　mv 选项及功能

选项	功能	选项	功能
–b	当覆盖文件时会对被覆盖文件进行先行备份	–n	试探性覆盖文件（依据为目标文件是否存在）
–i	交互式操作。当目标文件已经存在时，会询问是否覆盖	–f	强制操作，不进行任何提示，如果目标文件存在，会直接覆盖
–u	只有在源文件比目标文件新或者目标文件不存在时才进行操作		

"mv 参数 参数"命令。

①重命名文件。将文件重命名为一个新的文件。命令格式：mv < 旧文件名 >< 新文件名 >。

示例 1：当前目录的文件 test.txt，将其重命名为 new_test.txt，命令如下。

```
mv test.txt new_test.txt
```

示例 2：将 a 目录中的 test.txt 重命名为 log.txt，命令如下。

```
mv /a/test.txt /a/log.txt
```

②移动文件。移动文件到指定文件夹中。命令格式：mv < 文件名 >< 文件夹名 >。

示例：将当前目录下的目录 c1 移动到 c 目录中，命令如下。

```
mv c1 /c/
```

5）vim 命令。vim 命令有三种模式，分别是命令模式，输入模式和编辑模式。三种工作模式可随意切换。当用 vim 命令编辑文件时，默认处于命令模式。此模式下不可以输入内容，也不可以编辑文件。

①命令模式下常用的几个命令见表 3-7。

表 3-7　常用 vim 命令

命令	功能描述
i	切换到输入模式，可以输入字符
:	切换到编辑模式，可以在底部光标闪烁处输入命令

②输入模式：在命令模式下输入"i"，即进入输入模式。此时底部会提示"INSERT"。按下〈Esc〉键，又进入命令模式。具体如图 3-12 所示。

③编辑模式：在命令模式下输入":"（英文冒号），进入编辑模式。具体如图 3-13 所示。编辑模式可以输入单个或多个字符的命令。按〈Esc〉键可随时退出编辑模式。

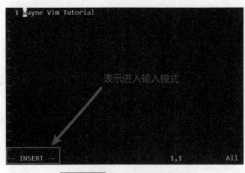

图 3-12　输入模式效果图

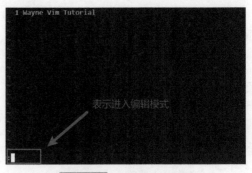

图 3-13　编辑模式效果图

6）文件压缩命令。Linux 操作系统中常用的文件压缩命令，包括 tar、gzip、bzip2 和 zip。这些命令提供了丰富的功能，可用于创建和提取压缩文件，帮助用户有效地管理文件和目录，并节省存储空间。

① tar 命令。tar 可将多个文件和目录打包成单个文件，并保留文件的权限、所有者信息等。tar 命令通常与其他压缩算法结合使用，如 gzip 或 bzip2，以生成 .tar.gz 或 .tar.bz2 等压缩文件。

语法：tar [选项] [参数]。

tar 语法中的"参数"指的是文件名；tar 常用选项，以及"tar 选项 [参数]"组成命令的功能见表 3-8。

表 3-8　常用 tar 命令

选项	功能描述	选项	功能描述
-c	创建新的 tar 压缩文件	-x	从 tar 文件中提取文件
-v	显示压缩或解压的文件列表	-z	使用 gzip 进行压缩或解压
-f	指定压缩或解压的文件名		

a）"tar -czvf 文件名"命令。文件压缩命令，命令解析：

-czvf 表示执行操作的顺序，即：

-c：创建新的 tar 压缩文件。

-z：使用 gzip 进行压缩。

-v：显示压缩的文件列表。

-f：指定压缩文件名：file.tar.gz。

例如：将文件 file1.txt，file2.txt，file3.txt 压缩打包成 file.tar.gz 压缩包，命令为：tar -czvf file.tar.gz file1.txt file2.txt file3.txt。

命令执行操作，如图 3-14 所示。

图 3-14　-czvf 命令效果图

 问一问

图 3-14 中，ll 命令的作用是什么？

ll 命令用于调出 proj 文件夹中的所有文件名称，展示压缩命令"tar -czvf file.tar.gz file1.txt file2.txt file3.txt"的执行结果。

b）"tar –xzvf 压缩文件名"命令。文件解压命令，命令解析：

–xzvf 表示执行操作的顺序，即：

–x：从 file.tar.gz 文件中提取文件。

–z：通过 gzip 进行解压。

–v：显示详细信息。

–f：指定解压的文件名。

例如：解压 file.tar.gz 文件，命令为：tar –xzvf file.tar.gz。

命令执行操作，如图 3-15 所示。

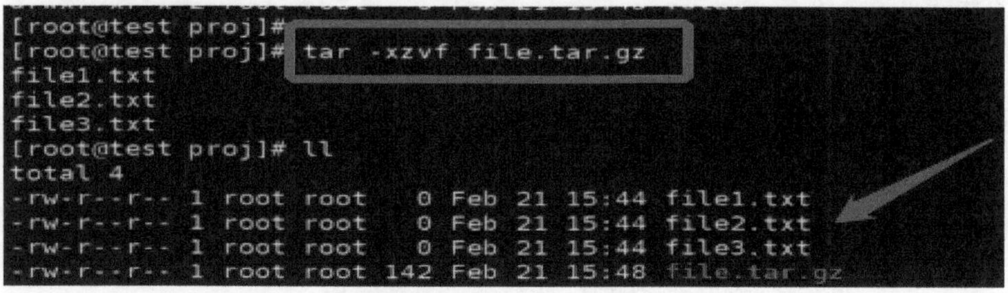

图 3-15 –xzvf 命令效果图

② gzip 命令。gzip 是应用最广泛的压缩命令，目前 gzip 可以解压 compress、zip 与 gzip 等软件所压缩的文件。gzip 所建立的压缩文件名为 *.gz。

语法：gzip [选项] [参数]。

语法中"参数"指压缩（解压）的文件名。gzip 常用选项，以及"gzip 选项 [参数]"组成的命令功能见表 3-9。

表 3-9 gzip 常用选项

选项	功能描述	选项	功能描述
–c	把压缩文件的数据输入到屏幕上	–v	可以显示源文件 / 压缩文件的对比信息
–d	解压文件	–t	可以校验压缩文件的一致性，看看文件是否有误
–l	压缩得更快		

a）"gzip file"命令。file 指文件，gzip file 用于压缩文件。例如：将打包好的文档 filename.tar 进行压缩的命令为：gzip filename.tar 。

b）"gzip –d 压缩文件名"命令。gzip –d 命令用于解压文件。例如：解压文件 file.gz 的命令为：gzip –d file.gz。

7）chmod 命令。chmod 命令是英文词组 change mode 的缩写，其功能是改变文件或者目录权限。用户用该命令可以控制文件或目录的访问权限。

该命令有两种用法。一种是包含字母和操作符表达式的文字设定法；另一种是包含数字的数字设定法。

① 文字设定法。

语法：chmod [who][+ | – | =][mode] 文件名。

命令中 who、"+ | – | ="、mode 都为符号模式。其中 who 为用户类型；"+ | – | ="为 operator（操作符）；mode 指 permission（权限）。

chmod 命令可修改 who 指定的用户类型对文件的访问权限，用户类型由一个或者多个字母在 who 的位置来说明。who 的符号命令说明见表 3-10。

表 3-10　who 的符号命令说明

who	用户类型	说明
u	user	文件所有者
g	group	文件所有者所在组
o	others	所有其他用户
a	all	所有用户，相当于 ugo

operator 的符号命令说明见表 3-11。

表 3-11　operator 的符号命令说明

Operator（操作符）	说明
+	为指定的用户类型增加权限
–	去除指定用户类型的权限
=	设置指定用户的权限，即将用户类型的所有权限重新设置

permission 的符号命令说明见表 3-12。

表 3-12　permission 的符号命令说明

模式	名字	说明
r	读	设置为可读权限
w	写	设置为可写权限
x	执行权限	设置为可执行权限
X	特殊执行权限	只有当文件为目录文件，或者其他类型的用户有可执行权限时，才将文件权限设置可执行

（续）

模式	名字	说明
s	setuid/gid	当文件被执行时，根据 who 参数指定的用户类型设置文件的 setuid 或者 setgid 权限
t	粘贴位	设置粘贴位，只有超级用户可以设置该位，只有文件所有者可以使用该位

在一个命令行中可给出多个权限方式，其间用逗号隔开。例如：

chmod g+r, o+r example 使同组和其他用户对文件 example 有读权限

② 数字设定法。

语法：chmod [mode] 文件名。

chmod 命令可以使用数字（八进制数）来指定权限。文件或目录的权限由 9 个权限位来控制，每三位为一组，分别为文件所有者（u）、文件所属组（g）、其他用户（o）的读访问、写访问、执行访问权限，简称为 r、w、x 或者用 4、2、1 表示。例如，765 的解释为：

所有者的权限用数字表达：所有者三个权限位数字加起来的总和。如 rwx ，也就是 4+2+1，应该是 7。

所属组的权限用数字表达：所属组权限位数字相加的总和。如 rw- ，也就是 4+2+0，应该是 6。

其他用户的权限数字表达：其他用户权限位数字相加的总和。如 r-x ，也就是 4+0+1，应该是 5。

使用八进制数来指定权限命令见表 3-13。

表 3-13 八进制数来指定权限命令

#	权限	rwx	二进制
7	读 + 写 + 执行	rwx	111
6	读 + 写	rw-	110
5	读 + 执行	r-x	101
4	只读	r--	100
3	写 + 执行	-wx	011
2	只写	-w-	010
1	只执行	--x	001
0	无	---	000

示例 1：将文件 file1.txt 设为所有人皆可读取，命令如下。

```
chmod ugo+r file1.txt
chmod a+r file1.txt
chmod 777 file1.txt
```

示例 2：将文件 file1.txt 与 file2.txt 设为该文件拥有者，命令如下。

```
chmod ug+w, o-w file1.txt file2.txt
```

注意：与其所属同一个群体者可写入，但其他人则不可写入。

示例 3：为 file.py 文件拥有者增加可执行权限，命令如下。

```
chmod u+x file.py
```

示例 4：将目前目录下的所有文件与子目录皆设为任何人可读取，命令如下。

```
chmod -R a+r *
```

示例 5：对 file.txt 的所有者和用户组设置读写权限，为其他用户设置读权限，命令如下。

```
chmod 664 file.txt
```

8）gedit 命令。gedit 命令拥有非常强大的通用文本编辑功能，能够创建和编辑各类型文本文件，用户还可以向 gedit 中添加自主选择的插件，让编辑器支持更多高级功能。

语法：gedit [选项] [参数]。

gedit 命令语法中的"参数"指的是文件名；gedit 常用选项，以及"gedit 选项 [文件名]"组成命令的功能见表 3-14。

表 3-14 gedit 的常用命令

选项	命令功能描述	选项	命令功能描述
–f	忽略部分错误信息	--help	显示帮助信息
–R	递归处理所有子文件	--list-encodings	显示可使用的编码列表
–s	使用独立模式	--new-document	新建一个新文档
–v	显示执行过程详细信息	--new-window	新建一个新窗口
–w	使用独占方式打开文件	--preserve-root	禁止对目录进行递归操作
--encoding	设置字符编码	--version	显示版本信息

示例 1：打开并编辑 file.txt，命令如下。

```
gedit file.txt
```

示例 2：显示可使用的编码列表，命令如下。

```
gedit --list-encodings
```

9）cp 命令。cp 代表 copy（复制），用于在 Linux 命令行中复制文件和目录。

语法：cp [选项] 参数。

语法中的"参数"指源文件或目录、目标文件或目录；cp 常用选项，以及"cp [选项]"组成命令的功能见表 3-15。

表 3-15 cp 常用选项及组成命令功能描述

选项	命令功能描述
-d	复制符号连接时，把目标文件或目录也建立为符号连接，并指向与源文件或目录连接的原始文件或目录
-f	强行复制文件或目录，不论目标文件或目录是否已经存在
-i	覆盖文件之前先询问用户
-l	对源文件建立硬链接，而非复制文件
-p	保留源文件或目录的属性，包括所有者、所属组、权限与时间
-P	保留源文件或目录的路径，此路径可以是绝对路径或相对路径，且目标目录必须已经存在
-R/r	递归处理，将指定目录下的文件与子目录一并处理
-s	对源文件建立符号链接，而非复制文件
-S	在备份文件时，用指定的后缀 suffix，代替文件默认后缀
-u	使用这项参数之后，只会在源文件的修改时间比目标文件更新时，或是名称相互对应的目标文件并不存在时，才复制文件
-v	显示执行过程
-b	覆盖已存在目标文件前将文件备份

示例 1：复制单个文件。语法为：cp 源文件 目标目录，实际操作如图 3-16 所示。

图 3-16 复制 conditional_statement.png 文件到 Pictures 目录中

示例 2：复制文件的同时，对文件重命名。语法为：cp 源文件 目标目录 / 新文件名，实际操作如图 3-17 所示。

示例 3：复制多个文件。语法为：cp 文件 1 文件 2 文件 3 目标目录，实际操作如图 3-18 所示。

图 3-17　复制 get files.sh 文件到 Shell-scripts 目录并改名为 fetch-files.sh

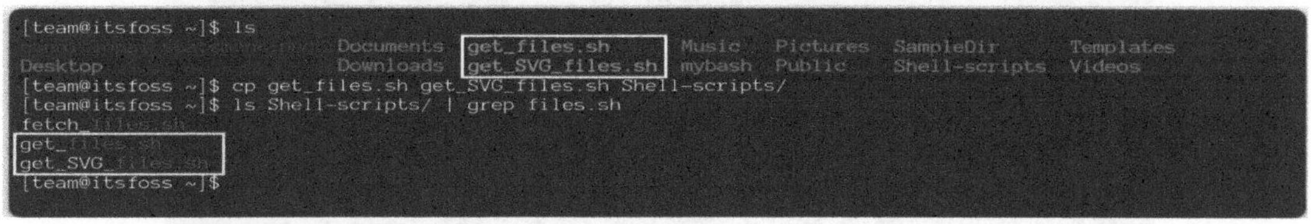

图 3-18　复制 get_files.sh 和 get_SVG_files.sh 两个文件到 Shell-scripts 目录

10）mkdir 命令。mkdir 是 make directory 的缩写，顾名思义，创建目录（文件夹）。mkdir 命令允许在任意位置创建新的目录。

语法：mkdir [选项] [参数]。

mkdir 语法中的"参数"指目录名。其常用选项，以及"mkdir [选项]"组成命令的功能见表 3-16。

表 3-16　mkdir 常用选项及组成命令功能描述

命令	功能描述
-p	递归创建目录，如果父目录不存在则一并创建
-m	创建目录的同时设置权限

示例 1：创建一个目录。

基本语法：mkdir 目录名。

在当前目录下，创建一个名为 gta6 的目录，命令为：mkdir gta6，实际操作如图 3-19 所示。

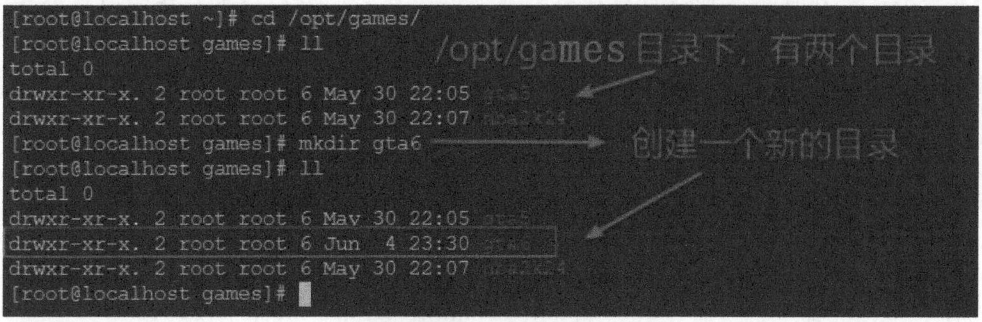

图 3-19　创建一个目录

示例 2：创建多个目录。

基本语法：mkdir 目录名 ... 。

在当前目录下创建三个目录，分别为 dir1、dir2 和 dir3。命令为：mkdir dir1 dir2 dir3，实际操作如图 3-20 所示。

```
[root@localhost games]# mkdir dir1 dir2 dir3
[root@localhost games]# ll
total 0
drwxr-xr-x. 2 root root 6 Jun  4 23:37 dir1
drwxr-xr-x. 2 root root 6 Jun  4 23:37 dir2
drwxr-xr-x. 2 root root 6 Jun  4 23:37 dir3
drwxr-xr-x. 2 root root 6 May 30 22:05 gta5
drwxr-xr-x. 2 root root 6 Jun  4 23:30 gta6
drwxr-xr-x. 2 root root 6 May 30 22:07 nba2k24
[root@localhost games]#
```

图 3-20 创建多个目录

示例 3：创建多级目录。

基本语法：mkdir –p 目录名 / 目录名 /... 。

在 /opt/games 目录下，为 gta6 目录创建一个多级的子目录。命令为：mkdir –p gta6/model/objs，实际操作如图 3-21 所示。

```
[root@localhost games]# mkdir -p gta6/model/objs
[root@localhost games]# cd gta6/model/objs/
[root@localhost objs]# pwd
/opt/games/gta6/model/objs
[root@localhost objs]#
```

图 3-21 创建多级目录

 问一问

pwd 命令的功能是什么？

pwd 命令的功能是显示当前工作目录的绝对路径。

pwd 命令是英文词组 print working directory 的缩写，用于显示用户当前所处的工作目录，工作目录又称为当前目录。在实际工作中，用户经常会在不同目录之间进行切换，为了防止"迷路"，可以使用 pwd 命令快速查看当前所处的工作目录路径，方便开展后续工作。语法格式为"pwd [参数]"，常用参数包括"-L"（显示逻辑路径）和"-P"（显示物理路径），即使不使用任何选项，pwd 命令通常也能满足大部分需求。

11）sudo 命令。sudo 是 Linux 系统管理命令，是系统管理员允许普通用户执行一些或者全部 root 命令的一个工具，如 halt、reboot、su 等。这样不仅可以减少 root 用户的登录和管理时间，同样也提高了安全性。

语法：sudo [选项] [参数]。

语法中的"参数"指的是命令，意为使用管理员权限执行命令。其常用选项，以及"sudo [选项]"组成命令的功能描述见表 3-17。

表 3-17　sudo 常用选项及组成命令功能描述

选项	功能描述
-v	延长密码有效期限 5min
-k	结束密码的有效期限，下次再执行 sudo 时，需要输入密码
-l	列出目标用户可执行与无法执行的命令
-b	在后台执行命令
-u	以指定的用户作为新身份，如不选择此参数，则预设以 root 作为新身份
-p	改变询问密码的提示符号
-s	执行指定的 shell
command	要求以系统管理者身份（或用 -u 更改为其他人）执行的命令

示例 1：切换到 root 用户，命令为：sudo su。

示例 2：列出目前的权限，命令为：sudo -l。

示例 3：以 john 用户的身份创建"/home/john/newdir"目录，命令为：

```
sudo -u john mkdir /home/john/newdir
```

12）ifconfig 命令。ifconfig 命令用于显示和配置 Linux 系统的网络接口，如 IP 地址、子网掩码、MAC 地址等，也可以用于启动或停止某个网络接口。

语法：ifconfig [网络接口] [选项]。

语法中"网络接口"名称，可以是 eth0、wan0 等。如果不指定网联接口，则默认显示所有网络接口的信息。"选项"用于指定 ifconfig 命令的一些功能，如启用或禁用接口、配置 IP 地址等。ifconfig 的常用选项，及"ifconfig [网络接口] 选项"组成命令的功能描述见表 3-18。

表 3-18　ifconfig 常用选项及组成命令功能描述

选项	功能描述	选项	功能描述
up	启动网络接口	netmask [子网掩码]	设置网络接口的子网掩码
down	停止网络接口	hw [MAC 地址]	设置网络接口的 MAC 地址
inet [IP 地址]	设置网络接口的 IP 地址		

示例 1：查看所有网络接口信息，命令如下。

```
ifconfig
```

示例 2：启停网卡，命令如下。

```
# 启动网卡 eth0：        ifconfig eth0 up
# 关闭网卡 eth0：        ifconfig eth0 down
```

示例 3：显示 eth0 网卡信息，命令如下。

```
ifconfig eth0
```

13）ping 命令。ping 是一种因特网包探索器，是用于测试网络连接量的程序。ping 是工作在 TCP/IP 网络体系结构中应用层的一个服务命令，主要是向特定的目标主机发送 ICMP（Internet Control Message Protocol，因特网报文控制协议）请求报文，测试目的站是否可达及了解其有关状态。

语法：ping [选项] [参数]。

语法中的"参数"指 IP 地址。ping 的常用选项，及"ping 选项"组成命令的功能描述见表 3-19。

表 3-19　ping 常用选项及组成命令的功能描述

选项	功能描述
/?	使用帮助
-t	不间断地 ping 指定计算机，直到管理员中断
-l	发送指定大小的到目标主机的数据包
-a	解析计算机名与 NetBios 名
-c	自己定义发送的次数

示例 1：测试网络导通性。

语法：ping IP 地址。

已知 IP 地址为 www.taobao.com，测量其网络的导通性，命令为：ping www.taobao.com。实际操作如图 3-22 所示。

```
: $ ping www.taobao.com
PING www.taobao.com.danuoyi.tbcache.com (223.247.116.208) 56(84) bytes of data.
64 bytes from 223.247.116.208 (223.247.116.208): icmp_seq=1 ttl=55 time=11.0 ms
64 bytes from 223.247.116.208 (223.247.116.208): icmp_seq=2 ttl=55 time=9.59 ms
64 bytes from 223.247.116.208 (223.247.116.208): icmp_seq=3 ttl=55 time=9.16 ms
64 bytes from 223.247.116.208 (223.247.116.208): icmp_seq=4 ttl=55 time=12.0 ms
```

图 3-22　使用 ping 命令测试网络导通性

示例 2：指定发送请求的次数。

语法：ping -c 数值 IP 地址。

已知 IP 地址为 127.0.0.1，发送 5 次请求，测量其网络的导通性，命令为：ping -c 127.0.0.1。实际操作如图 3-23 所示。

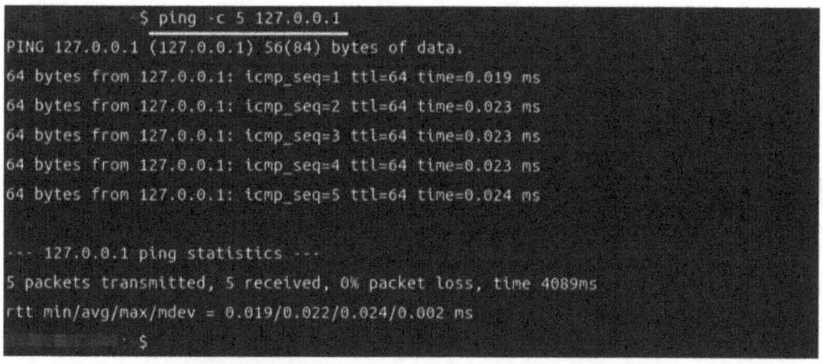

图 3-23 指定发送请求的次数效果图

示例 3：指定数据包的大小。

语法：ping –s 数值 IP 地址。

已知 IP 地址为 127.0.0.1，发送 1000B 的数据包，测量其网络的导通性，命令为：ping –s 1000 127.0.0.1。实际操作如图 3-24 所示。

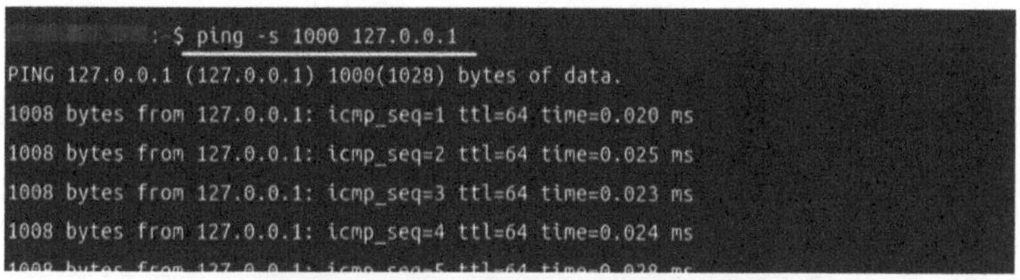

图 3-24 指定数据包的大小效果图

14）netstat 命令。netstat 命令是一个监控 TCP/IP 网络的非常有用的工具，它可以显示路由器、实际的网络连接以及每一个网络接口设备的状态信息。

语法：netstat [选项] [选项] ...。

netstat 的常用选项，以及"netstat [选项]"组成的命令的功能描述见表 3-20。

表 3-20 netstat 的常用选项及组成命令的功能描述

选项	功能描述	选项	功能描述
–a	显示所有连接状态	–n	以数字形式显示地址和端口号
–c	连续显示网络状态信息	–o	显示与每个连接相关的进程 ID
–e	显示网络统计信息	–p	显示特定协议（tcp、udp 或 icmp）的连接

示例 1：显示所有连接和监听端口并显示与每个连接相关的进程 ID，命令如下。

```
netstat -ano
```

示例 2：列出所有 tcp 端口，命令如下。

```
netstat -at
```

示例 3：列出所有 udp 端口，命令如下。

```
netstat -au
```

4. 软件安装命令

dpkg 是 debian packager 的简写，是为 debian 专门开发的套件管理系统，方便软件的安装、更新及移除。

语法：dpkg [选项] [参数]。

语法中的"参数"指的是 deb 软件包。dpkg 常用选项，以及"dpkg [选项]"组成的命令的功能见表 3-21。

表 3-21　dpkg 常用选项及组成命令的功能描述

命令	功能描述	命令	功能描述
-i	安装软件包	-L	显示与软件包关联的文件
-c	显示软件包内文件列表	-l	显示已安装的软件包列表
-P	删除软件包的同时删除其配置文件	-r	删除已安装的软件包，但保留配置文件
--unpack	解开软件包	-configure	配置软件包

示例 1：安装软件包。

语法：dpkg -i *.deb。

如安装 arm.deb 这个软件包，命令为：dpkg -i arm.deb。

示例 2：删除已安装的软件包，但保留配置文件。

语法：dpkg -r *.deb。

如果删除已安装的 arm.deb，但保留配置文件，命令为：dpkg -r arm.deb。

示例 3：显示软件包的内容。

语法：dpkg -c *.deb。

如果显示 arm.deb 的内容，命令为：dpkg -c arm.deb。

技能实训

二、实训项目

1. 安装 Ubuntu 操作系统

（1）任务准备

1）操作设备：普通计算机，要求 64 位架构，运行内存＞8GB。

安装 Ubuntu
系统

2）工具 / 材料：VM 虚拟机安装包、Ubuntu18.0.5 安装包。

3）人员分工：组长 1 名，记录人员 1 名，检验人员 1 名，操作人员若干。以上角色可通过选举、抓阄及教师指定等来担任，通过多个任务的训练，争取让每个学生轮流担任每个角色，以提升学生自身综合能力。

4）实训场地：学校计算机室。

（2）任务实施

任务要求：

能够独自完成 Ubuntu 软件的安装部署工作。

实训 1：安装 VM 虚拟机

1）VM 虚拟机安装包解压。鼠标右键单击"VMware Workstation Pro 15.5.0"压缩包，调出菜单栏，选择"解压到 VMware Workstation Pro 15.5.0\（E）"。

2）安装程序。打开文件夹，鼠标右键单击"VMware-workstation-full-15.5.0-14665864"图标，调出菜单栏，选择"以管理员身份运行"。

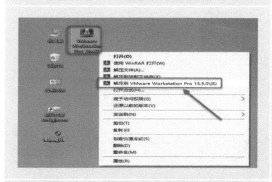
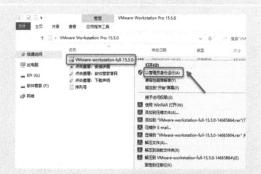

3）进入安装向导后，单击"下一步"按钮。

4）进入用户协议签授页面，选中"我接受许可协议中的条款"，单击"下一步"按钮。

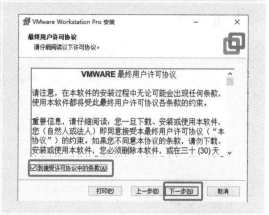

5）选择安装位置。
①单击"更改…"按钮，在"更改目标文件夹"界面更改安装位置，单击"确定"按钮。
②确定安装位置后，单击"下一步"按钮。

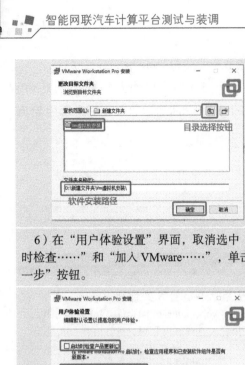

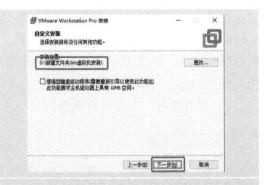

6）在"用户体验设置"界面，取消选中"启动时检查……"和"加入 VMware……"，单击"下一步"按钮。

7）快捷方式设置。根据个人喜好选择，然后单击"下一步"按钮。

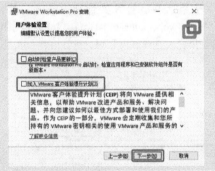

8）单击"安装"按钮。

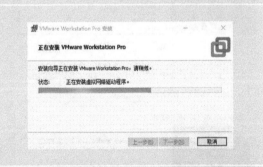

9）申请使用许可。在"安装向导已完成"界面，单击"许可证"按钮。

10）输入许可证密钥，单击"输入"按钮。

11）单击"完成"按钮，退出安装向导界面，VM 虚拟机安装完成。

步骤一：创建新的符合 Ubuntu 操作系统安装运行的虚拟机。

1）双击桌面"VMware Workstation Pro"图标 ，启动虚拟机。

2）创建新的虚拟机。鼠标单击"创建新的虚拟机"图标按钮 ，进行创建。

3）在"新建虚拟机向导"界面，选择"典型"；然后单击"下一步"按钮。

4）在"安装客户机操作系统"界面，选择"稍后安装操作系统"；然后单击"下一步"按钮。

5）在"选择客户机操作系统"界面，选择 Linux，"版本"选择"Ubuntu 64 位"；单击"下一步"。

6）在"命名虚拟机"界面，在"虚拟机名称"文本框输入名称；单击"浏览"，更改安装位置；最后单击"下一步"按钮。

7）在"指定磁盘容量"界面，设置磁盘大小应在 20GB 以上；然后单击"下一步"按钮。

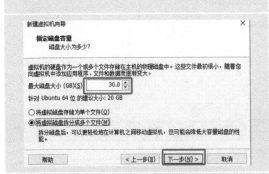

②选择"内存"，设置为"2048"MB。

b）选择"ubuntu-18.04.1-desktop-amd64"软件，单击"打开"按钮。

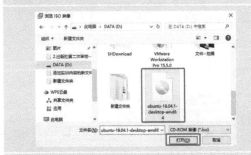

⑤选择"USB 控制器"，然后单击"移除"。

8）自定义安装硬件。

①在"已准备好创建虚拟机"界面，单击"自定义硬件"按钮。

③设置镜像文件。

a）选择"新 CD/DVD（SATA）"，选择"使用 ISO 镜像文件"，单击"浏览"。

④选择"网络适配器"，"网络连接"选择"仅主机模式"。

⑥选择"打印机"，单击"移除"；最后单击"关闭"按钮。

9）在"已准备好创建虚拟机"界面，完成"自定义硬件"调整之后，单击"完成"按钮，完成 Ubuntu 操作系统安装运行的虚拟机的创建。

步骤二：安装 Ubuntu 操作系统。

1）单击"开启此虚拟机"按钮，开始 Ubuntu 操作系统的安装。

2）选择语言。选择"中文简体"；然后单击"安装 Ubuntu"，开始安装 Ubuntu 系统。

3）键盘布局，选择"汉语"；单击"继续"按钮。

4）安装方式，选择"正常安装"；单击"继续"按钮。

5）安装类型，选择"清除整个磁盘并安装 Ubuntu"；单击"现在安装"。

6）单击"继续"按钮。

7）输入所在区域；单击"继续"按钮。

8）设置用户名和密码；单击"继续"按钮。

9）等待系统安装完成。

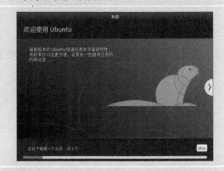

10）重新启动计算机。
①单击"现在重启"。

②按下＜Enter＞键。

③重启完成后，Ubuntu 安装完成，输入密码，登录系统。

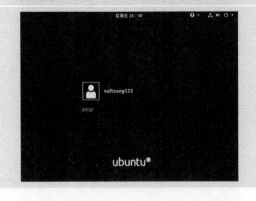

（3）任务评价

根据实训评估表的内容，对以上任务进行评价。

2. 训练使用 Linux 常用指令

Linux 系统常用
指令训练

（1）任务准备

1）操作设备：安装有 Ubuntu18.0.4 操作系统的计算机。

2）工具 / 材料：无。

3）人员分工：组长 1 名，记录人员 1 名，检验人员 1 名，操作人员若干。以上角色可通过选举、抓阄及教师指定等来担任，通过多个任务的训练，争取让每个学生轮流担任每个角色，以提升学生自身综合能力。

4）实训场地：学校计算机室。

（2）任务实施

任务要求：

能够熟练使用 Linux 系统的常用命令。

步骤一：打开命令终端窗口。

打开终端窗口有三种方法。

1）计算机桌面上，单击鼠标右键，打开右键快捷菜单；选择"打开终端"，打开终端窗口。

2）使用快捷键，打开终端窗口。同时按〈Ctrl+Alt+T〉键，打开终端窗口。

3）单击"显示应用程序"按钮；然后双击"终端"按钮 ，打开终端窗口。

步骤二：mkdir 命令训练。

1）创建一个目录。创建一个名为 gta6 的目录。在命令行输入："mkdir gta6"，按〈Enter〉键确认。

在根目录下创建的 gta6 目录

2）创建多个目录。创建三个目录，分别为 dir1、dir2、dir3。在命令行输入："mkdir dir1 dir2 dir3"，按〈Enter〉键确认。

3）创建多级目录。在"dir1 目录"下，创建一个 min/model/objs 的多级目录。在命令行输入："mkdir -p min/model/objs"，按〈Enter〉键确认。

步骤三：cd 命令训练。

1）切换到指定目录。切换到 objs 目录，目录层级为 gta6/dir1/min/model/objs/。在命令行输入："cd gta6/dir1/min/model/objs/"，按〈Enter〉键确认。

2）返回上一级目录。在命令行输入："cd .."，按〈Enter〉键确认。

3）返回主目录。
①方法1：命令行输入："cd"，按〈Enter〉键确认。

②方法2：命令行输入："cd ~"，按〈Enter〉键确认。

（3）任务评价

根据实训评估表的内容，对以上任务进行评价。

任务小结

本任务主要介绍了计算平台的常用操作系统 Ubuntu、Linux 常见目录以及 Linux 常用命令的使用。通过实践环节，让学生学习 Linux 的安装及 Linux 的操作方法。为了让学生对本任务内容有一个清晰的认知，具体思维导图如图 3-25 所示。

图 3-25 本任务主要内容思维导图

课程思政案例

李时珍不怕山高路远，不怕严寒酷暑，走遍了产药材的名山。他有时好几天不下山，饿了吃些干粮，天黑了就在山上过夜。许多药材他都亲口品尝，判断药性和药效。就这样，他历经千辛万苦，积累了大量的医药资料。李时珍从 30 多岁动笔，到 54 岁才把《本草纲目》初稿写出来。

Linux 操作系统的操作命令很多，既枯燥又难记，作为新时代下的我们，在进行操作命令的教学和实践时，应该学习李时珍的精神，多去实践，实践出真知。在面对"山重水复疑无路"的关卡时，应勇往直前，持之以恒，用信心去克服一切困难，才有可能得到"柳暗花明又一村"的豁达，成就一番事业。

任务 2 软件功能测试

任务目标

- 了解如何打开计算平台应用软件。
- 熟悉计算平台应用软件自动驾驶功能相关参数。
- 掌握计算平台应用软件自动驾驶功能参数的调试方法。

情景导入

最近组装车间新来了一名技术员需要学习使用计算平台应用软件，你作为一名资深技术员，如何准确为他介绍使用方法？如何帮助他自主完成计算平台应用软件调试及传感器数据接收的工作？

应知应会

一、计算平台自动驾驶软件操作界面介绍

计算平台软件操作界面是计算平台运行自动驾驶软件完成自动驾驶功能决策参数设置的界面。在界面上有各种调试参数，直接影响智能网联汽车的自动驾驶运行。下面以智能网联教学车计算平台的自动驾驶软件为例，介绍软件操作界面各部分的作用。

如图 3-26 所示，计算平台自动驾驶软件操作界面上分布有自动驾驶功能参数配置界面、寻迹地图可视化界面、超声波传感器（也称为超声波雷达）可视化界面、毫米波

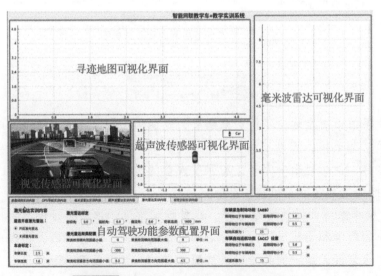

图 3-26 计算平台自动驾驶软件操作界面分布

雷达可视化界面、视觉传感器可视化界面和激光雷达可视化界面。激光雷达可视化界面是一个悬浮在自动驾驶软件操作界面之外的界面，如图 3-27 所示。

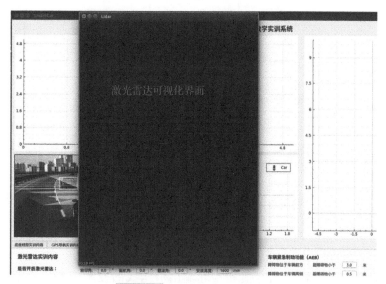

图 3-27 激光雷达可视化界面

自动驾驶功能参数配置界面又分为六大板块，分别是底盘线控实训内容、GPS 导航实训内容、毫米波雷达实训内容、超声波雷达实训内容、激光雷达实训内容和视觉识别实训内容，如图 3-28 所示。

图 3-28 自动驾驶功能参数配置界面内容

二、计算平台自动驾驶软件功能参数简介

1. 底盘线控系统参数简介

底盘线控系统是自动驾驶汽车的执行系统。在自动驾驶系统中，计算平台通过发送各种控制参数，来控制底盘线控系统工作，从而实现车辆的自动驾驶。如图 3-29 所示，智能网联教学车底盘线控系统的参数如下。

图 3-29 智能网联教学车底盘线控系统参数

（1）PID 周期设定

1）积分周期设置，调整累计误差的执行周期。单位为毫秒。根据设定车速的差异，推荐设定范围为 45~120。

2）微分周期设置，调整单位时间误差的执行周期。单位为毫秒。根据设定车速的差异，推荐设定范围为 25~38。

（2）转向控制设定

1）转向系数设置。根据给定值和实际输出值构成的控制偏差，将偏差按比例、积分和微分通过线性组合构成控制量，对被控对象进行控制。此处设定的转向系数即为比例系数，推荐设定范围为 0.20~0.70。转向速率设置越大，转向系数设置越小，反之亦然。

2）转向常数设置。此处设定的转向常数为比例常数，设置常数的目的是为了防止转向电机频繁起动、停止工作。设定范围为 0.2~5.0，步进值为 0.2。建议设置数值为 3.0。

（3）驱动控制设定

1）驱动系数设置。根据给定值和实际输出值构成的控制偏差，将偏差按比例、积分和微分通过线性组合构成控制量，对被控对象进行控制。此处设定的驱动系数为比例系数，设定范围为 0.1 ~ 3.0。驱动系数设置越大，车辆加速度就越快，反之亦然。

2）驱动常数设置。此处设定的驱动常数为比例常数，设置常数的目的是为了防止车辆电机频繁起动、停止工作。设定范围为 0.1 ~ 5.0，步进值为 0.1。

（4）刹车控制设定

1）刹车系数设置。根据给定值和实际输出值构成的控制偏差，将偏差按比例、积分和微分通过线性组合构成控制量，对被控对象进行控制。此处设定的刹车系数为比例系数，设定范围为 0.1 ~ 2.0。制动速率设置越大，车辆制动力度也就越强，反之亦然。

2）刹车常数设置。此处设定的刹车常数为比例常数，设置常数的目的是为了防止推杆电机频繁起动、停止工作。设定范围为 0.1 ~ 5.0，步进值为 0.1。

（5）车辆速度设定

1）设置期望直行车速，车辆在直道行驶的速度，设置范围为 3.0 ~ 8.0。

2）设置期望转弯车速，车辆在弯道行驶的车速，设置范围为 2.0 ~ 6.0。

3）设置制动临界值。车辆在行驶过程中速度低于制动临界值时，不执行制动操作，类似空档滑行。设置范围为 0.0 ~ 1.0。

2. 自动驾驶导航系统参数简介

自动驾驶车辆通过组合导航进行定位，获取车辆行驶的精准轨迹。导航在自动驾驶过程中，有着不可或缺的作用，主要功能有精确定位、实时导航和完成地图的生成和更新。为了获取和应用导航信息，在自动驾驶软件中，设置有相应参数。下面以智能网联教学车为例，介绍计算平台自动驾驶软件中导航系统的参数。自动驾驶导航系统参数主要分为 GPS 安装标定参数、GPS 导航地图采集参数和 GPS 导航设置参数。

（1）GPS 安装标定参数

自动驾驶车辆对车载导航的精度要求非常高，因此组合导航安装完成后，需要进行杆臂误差的标定，以提升组合导航的精度。那么什么是杆臂误差呢？智能网联教学车的组合导航分为两部分，即惯性导航和卫星导航（此处为 GPS 导航），这两个导航有自己的坐标点。GPS 导航的坐标原点位于定位天线（后天线）上，惯性导航的原点位于组合导航控制器。当定位原点以定位天线或惯导（惯性导航）设备为中心时，需补偿定位天线和惯导设备之间的位置误差，即称作杆臂误差。

杆臂误差可以通过手动测量获取。确定坐标原点后，如智能网联教学车以惯性导航为原点，使用专用工具测量定位天线与惯导设备在 X 轴、Y 轴、Z 轴方向上的距离，即为杆臂误差值，单位是米。

将实际测得的杆臂误差数值填入相应参数位置，如图 3-30 所示。智能网联教学车的杆臂误差为："X 方向的杆臂误差"为 0、"Y 方向的杆臂误差"为 0、"Z 方向的杆臂误差"为 1。

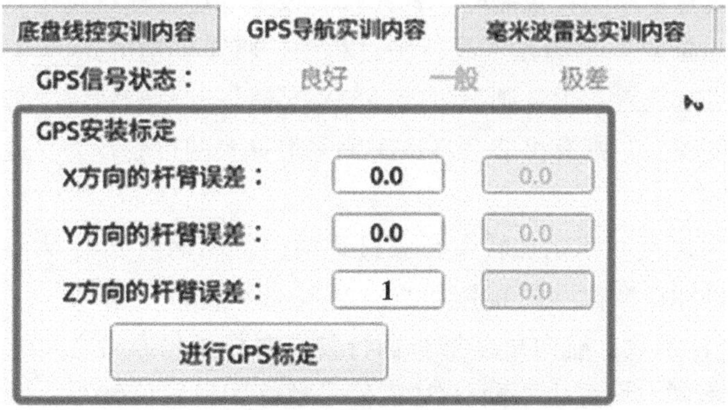

图 3-30　导航标定参数介绍

（2）GPS 导航地图采集参数

GPS 导航地图采集参数，如图 3-31b 所示。

1）生成 GPS 地图的名称。可任意输入名称，注意名称不能与已生成地图的名称相同，以免替换之前的地图。

2）信息采集。用于采集地图信息。按下"信息采集"按钮，计算平台自动驾驶软件开始采集导航数据，准备生成 GPS 地图。此时，车辆如在行驶过程中，软件将记录车辆行驶轨迹信息。

3）生成 GPS 地图。信息采集完成后，单击"生成 GPS 地图"按钮，生成地图文件，并保存到相应的文件夹中。

a）导航设置参数　　　　　　　　　　　　　　　　b）地图采集参数

图 3-31　GPS 导航配置参数

（3）GPS 导航设置参数

GPS 导航设置参数，如图 3-31a 所示。

1）转弯系数：设置转弯路段的一个对比阈值。如果校验 GPS 定位点值大于此系数，则认定此处为弯道，反之，则认为是直行道。设置范围为 5.0 ~ 30.0。

2）路径基数：设置对比的路径基数，基数与当前行驶路段、将要行驶路段有关。基数设定越大，对比路段越长，反之亦然。设置范围为 5 ~ 50。

3）寻迹目标点：该点分为直行寻迹目标点和弯道寻迹目标点。根据录制 GPS 地图时的车速不同，设置也不同；录制时车速越快，设置寻迹目标点越小，反之越大。

①直线寻迹目标点。车辆在直线行驶过程中，将车辆前方第 N 个路径点设置为目标点。如果目标点数设置太大，则有可能会忽略某路段的行驶轨迹。如果目标点设置太小，且车辆加速度较大，则有可能会导致车辆采取掉头的行驶行为。此值建议的设置范围为 4 ~ 15。

②弯道寻迹目标点。车辆在转弯行驶过程中，将车辆前方第 N 个路径点设置为目标点。弯道寻迹目标点推荐设置范围为 3 ~ 12。

4）航向角定位系数：航向角是指车辆行驶方向与正北方向之间的夹角。根据 GPS 定位信号强弱的不同，设置也不同；GPS 信号越好，设置值越小，反之越大。推荐设置范围为 0 ~ 50。

3. 毫米波雷达参数简介

毫米波雷达实时检测车辆四周目标物的距离、速度和方位信息。基于这些信息，计算平台控制智能网联汽车实现自适应巡航、防撞预警、变道辅助、主动制动等功能。这些功能使汽车能够在驾驶员未及时反应的情况下，提醒驾驶员或直接自动采取措施避免碰撞，提高驾驶的安全性和便利性。毫米波雷达配置界面如图 3-32 所示。

图 3-32　毫米波雷达配置界面

（1）自动紧急制动（AEB）设置

自动紧急制动（AEB）旨在提高行车安全性。当车辆在正常行驶过程中遇到突发危险或与前方车辆和行人的距离小于安全距离时，AEB 系统会主动制动，以避免或减少追尾等碰撞事故的发生。

如图 3-32 所示，毫米波雷达自动紧急制动配置参数共有两个，分别是：

1）AEB 碰撞区域范围。是指设定车辆与前方障碍物的距离，即左前点横、纵坐标及右后点横、纵坐标。当车辆与前方障碍物小于设定距离时，车辆进行制动操作；当车辆与前方障碍物大于设定距离时，车辆重新起动继续行驶。

2）制动系数。这里指踩下的制动行程。制动系数越高，制动性能越好。制动系数设置范围为 0 ~ 125。

注意：毫米波雷达对人、纸质物品、塑料物品的回波不太准确，障碍物以金属材质为佳。毫米波雷达在 1m 以内存在探测盲区。

（2）自适应巡航控制设置

自适应巡航控制（ACC）是一种智能化的自动控制系统，旨在提升驾驶体验和行车安全。它利用安装在车辆前部的车距传感器（雷达）持续扫描车辆前方道路，同时轮速传感器采集车速信号，从而实时判断车辆与前车的距离和速度差异。

当与前车距离过小时，ACC 控制单元可以与防抱死制动系统和发动机控制系统协调动作，使车轮适当制动，并使发动机的输出功率下降，以保持与前车的安全距离。

如图 3-32 所示，自适应巡航控制设置共有两个参数，分别是：

1）ACC 碰撞区域范围。是指设定车辆与前方障碍物的距离，即左前点横、纵坐标及右后点横、纵坐标。当车辆与前方障碍物小于设定距离时，车辆进行减速操作；当车辆与前方障碍物大于设定距离时，车辆恢复之前设定的行车速度。

2）减速系数。是衡量减速性能和可靠性的重要指标之一。通常情况下，减速系数越大，其可靠性和性能越好。设置范围为 0 ~ 125。

4. 超声波雷达参数简介

超声波雷达常用于自动泊车和停车辅助系统，通过发射和接收超声波信号来准确探测汽车与障碍物之间的距离。它可以帮助驾驶员判断停车位的大小和位置，以及在倒车或停车时避免与周围障碍物发生碰撞。超声波雷达还能提供盲区碰撞预警和自动紧急制动功能，通过监测车辆周围的障碍物，提前发出警报，提醒驾驶员注意潜在的安全风险。

智能网联教学车的超声波雷达用于自动紧急制动功能，负责智能网联教学车 2m 以内的自动紧急制动功能，以补充毫米波雷达近距离探测能力差的缺点。其配置参数如图3-33 所示。

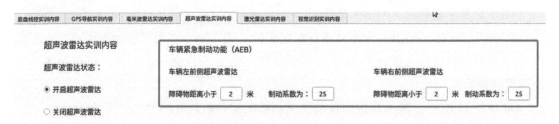

图 3-33 超声波雷达配置参数

5. 激光雷达参数简介

激光雷达在自动驾驶和高级驾驶辅助系统中发挥着核心作用。通过激光扫描，它可以精确地感知汽车四周的环境，包括道路状况、障碍物、车辆和行人等，并将这些信息以 3D 模型的方式呈现出来。这使得汽车能够更准确地识别目标、跟踪路径，并实时调整行驶状态，从而提高驾驶的安全性和舒适性。

为了可以动态测试激光雷达的障碍物探测功能，需要对激光雷达的参数进行设定。参数配置如图 3-34 所示。

图 3-34 激光雷达配置参数

（1）激光雷达标定

激光雷达标定在自动驾驶车辆的定位和导航中具有重要的作用。激光雷达是自动驾驶车辆中最为常用的传感器之一，它可以获取环境中障碍物的位置和形状等信息，并将这些信息转换成点云数据进行处理，以便进行后续的目标检测和路径规划等任务。智能网联教学车激光雷达的标定是指激光雷达坐标以车辆中心为坐标原点，在距离和角度上的偏差补偿。标定包括俯仰角、偏航角、翻滚角、安装高度等内部参数，以及激光雷达相对于车辆坐标系的位置和方向等外部参数，如图 3-34 所示。

（2）车身标定

激光雷达车身标定的目的是，去除激光雷达扫描到的车身结构。智能网联教学车的激光雷达位于车辆顶部且位于车辆中心线上，因此进行车身标定需测量车辆的长度和宽度，如图 3-34 所示。

（3）激光雷达聚类配置

在激光雷达提取目标时，聚类是非常重要的一步。因为激光雷达只能得到点云数据集，而将这些点云数据集处理得到目标对象是最终的目标，所以必须采用聚类的方法，将点云处理成目标对象。如果不将点云聚类成目标对象，那么在下一步的目标跟踪时，由于数据量过大将导致跟踪无法进行，使得整个激光雷达的检测结果无法应用于自动驾驶。

激光雷达聚类配置参数，如图 3-34 所示，包括：

1）聚类检测横向范围：-8 ~ 8m。

2）聚类检测纵向范围：-300 ~ 300m。

3）聚类检测垂直方向范围：0.3 ~ 4.5m。

（4）自动紧急制动参数设置

智能网联教学车的激光雷达用于自动紧急制动功能，需要进行相应的参数设置，如图 3-34 所示。

1）设置自动紧急制动的纵向距离条件和横向距离条件。当车辆与前方障碍物小于设定距离时，车辆进行制动操作；当车辆与前方障碍物大于设定距离时，车辆重新起动继续行驶。

2）设置自动紧急制动纵向的制动系数，设置范围为 0 ~ 125。

（5）自适应巡航参数设置

1）设置自适应巡航的纵向距离条件和横向距离条件。当车辆与前方障碍物小于设定距离时，车辆进行减速操作；当车辆与前方障碍物大于设定距离时，车辆恢复之前设定的行车速度。

2）设置自适应巡航的减速系数，设置范围为 0 ~ 125。

3）自适应巡航距离条件值应大于自动紧急制动距离条件值。

6. 视觉传感器参数简介

视觉传感器是一种能够模拟人类视觉系统的设备，其主要作用在于感知和解析环境中的光信号，并将其转化为数字信号，以实现对环境的理解和感知。视觉传感器参数配置如图 3-35 所示。

图 3-35 视觉传感器配置界面

（1）置信度阈值设置

置信度阈值是指对一个样本的某个总体参数的区间估计。置信区间展现的是这个参数的真实值以一定概率落在测量结果周围的程度。通常设置为 0.50。当被检测物体的置信度高于设定值时，显示识别结果。反之，无识别结果显示。

（2）非极大值抑制设置

非极大值抑制是一种去除非极大值的算法，即寻找局部最大值的过程。非极大值抑制通常设为 0.4。

（3）红绿灯识别 RGB 范围设定

RGB 色彩模式是工业界的一种颜色标准，通过红（R）、绿（G）、蓝（B）三个颜色通道的变化以及它们相互之间的叠加来得到各种各样的颜色，该模式几乎包括了人类视力所能感知的所有颜色，是运用最广的颜色系统之一。数值范围均是 0~255。例如：红色的 RGB 为（255，0，0），绿色的 RGB 为（0，255，0），蓝色的 RGB 为（0，0，255）。各分量中，数值越小，亮度越低；数值越大，亮度越高。

在交通信号灯亮起红灯时，根据光线的阴暗不同，进行 RGB 最大值和最小值的设定。凡是交通信号灯 RGB 值在设定范围内时，即判定为信号灯状态。RGB 范围区间修改后，需要单击"配置"按钮进行确认，参数配置如图 3-35 所示。

技能实训

实训设备介绍

本任务以智能网联教学车为载体，开展对智能网联汽车决策系统计算平台自动驾驶软件参数设置的实训。智能网联教学车外观如图 2-33 所示。专业的教具＋专门的教材，让学生理论和实操的学习更轻松，更深入。

三、实训项目

1. 自动驾驶软件开启

自动驾驶软件
开启

（1）任务准备

1）操作设备：智能网联教学车。

2）工具／材料：无。

3）人员分工：组长 1 名，记录人员 1 名，检验人员 1 名，操作人员若干。以上角色可通过选举、抓阄及教师指定等来担任，通过多个任务的训练，争取让每个学生轮流担任每个角色，以提升学生自身综合能力。

4）实训场地：智能网联汽车实训室。

（2）任务实施

> **任务要求：**
> 能够独自操作智能网联教学车的计算平台打开自动驾驶软件。

步骤一：实训前防护。

个人防护：实训人员穿好工装，戴好手套。	整车防护：车内部铺设脚垫、座椅套和转向盘套；车外铺设翼子板和后保险杠护罩。
	车内防护　　　车外防护 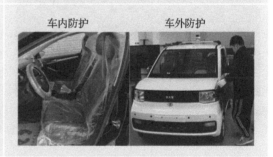

步骤二：起动智能网联教学车及打开自动驾驶系统电源。

1）起动智能网联教学车。踩下制动踏板，点火开关调到 ON 档，确定车辆进入 REDAY 状态。	2）启动自动驾驶系统。自动驾驶开关调到 ON 档，观察计算平台显示屏，确定计算平台桌面点亮。

步骤三：打开自动驾驶软件。

1）打开终端窗口。在计算机桌面上，单击鼠标右键，打开右键快捷菜单，选择 Open Terminal，打开终端。

2）进入自动驾驶软件的相对路径。在终端命令行输入命令："cd SmartCar_v2.0/"，按〈Enter〉键确认。

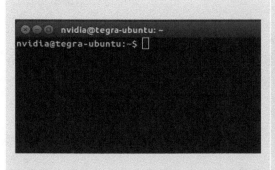

3）打开自动驾驶软件。继续输入命令"./SmartCar"，按〈Enter〉键确认，打开软件。

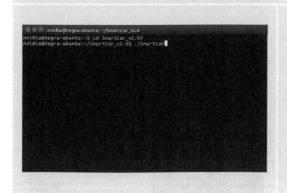

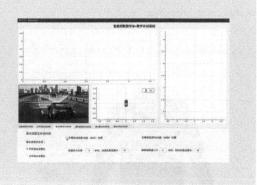

（3）任务评价

根据操作评估表，对实训任务进行评价。

自动驾驶软件功能参数设置

2. 自动驾驶软件功能参数设置

（1）任务准备

1）操作设备：智能网联教学车。

2）工具/材料：无。

3）人员分工：组长1名，记录人员1名，检验人员1名，操作人员若干。以上角色可通过选举、抓阄及教师指定等来担任，通过多个任务的训练，争取让每个学生轮流担任每个角色，以提升学生自身综合能力。

4）实训场地：智能网联汽车实训室。

（2）任务实施

任务要求：

能够独自设置智能网联教学车的计算平台自动驾驶软件的各项参数。

实训1 底盘线控系统参数设置

1）在自动驾驶软件界面，单击"底盘线控实训内容"按钮，打开底盘线控系统参数设置界面。

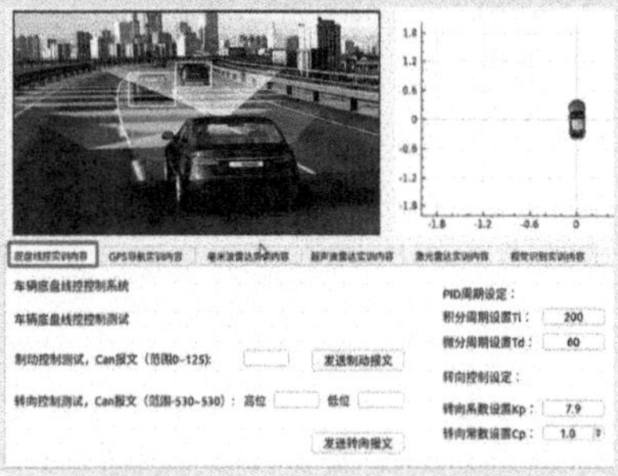

2）PID周期设定。将积分周期设置为100，微分周期设置为30。

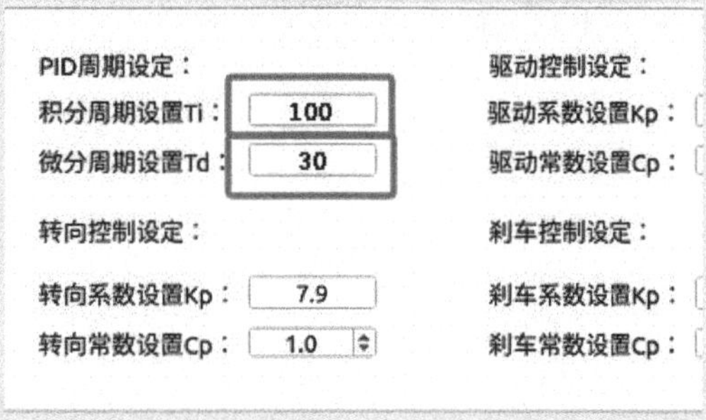

3）转向控制设定。将转向系数设置为0.6，转向常数设置为3.0。

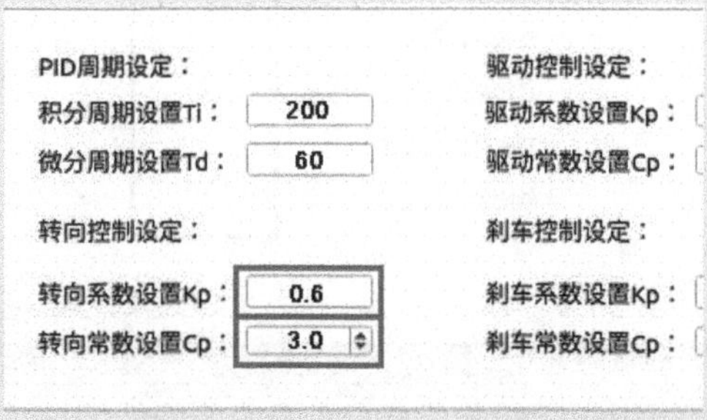

4）驱动控制设定。将驱动系数设置为1.0，驱动常数设置为2.0。

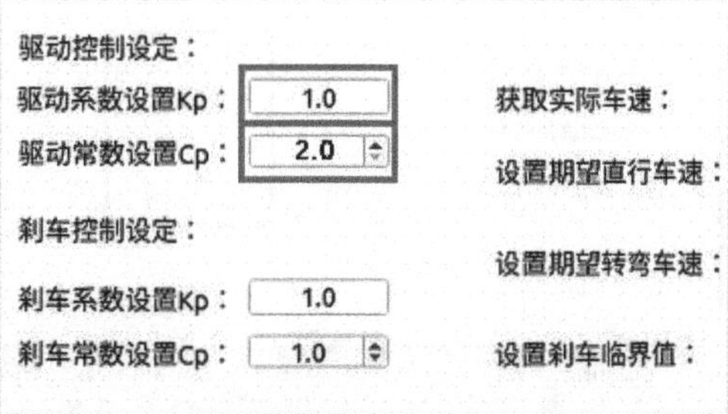

5）刹车控制设定。将刹车系数设置为2.0，刹车常数设置为2.0。

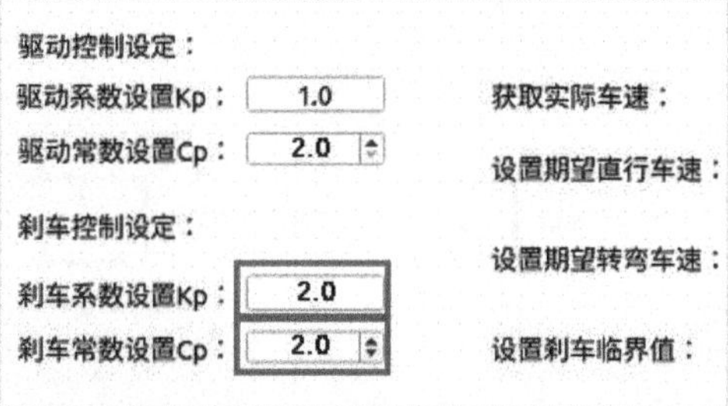

6）车速设定。设置直行期望车速为5.0，设置期望转弯车速为3.0，设置刹车临界值为0.5。

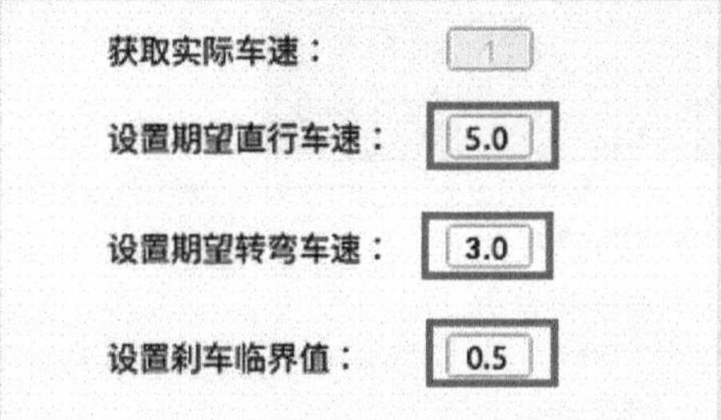

实训 2　自动驾驶导航系统参数设置

1）在自动驾驶软件页面，单击"GPS 导航实训内容"按钮，打开 GPS 导航系统参数设置界面。

2）GPS 安装标定参数设置。

①根据测量值，依次填写 X 轴、Y 轴和 Z 轴的杆臂误差（0，0.12，−0.89）。

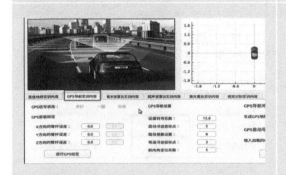

②单击"进行 GPS 标定"按钮，完成安装标定。此时在默认栏里，出现标定数据。

3）GPS 导航设置。设置车辆转弯系数为 10，设置路径基数为 8，设置直线寻迹目标点为 5，设置弯道寻迹目标为 3，设置航向角定位系数为 5。

实训 3　毫米波雷达参数设置

1）在自动驾驶软件页面，单击"毫米波雷达实训内容"按钮，打开毫米波雷达参数设置界面。

2）车辆自动巡航功能（ACC）设置。距离前方车辆设为 6m，减速系数设为 15。

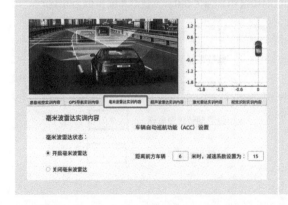

3）车辆紧急制动功能（AEB）设置。障碍物距离设为 3m，制动系数设为 25。

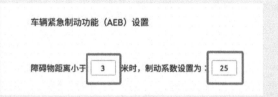

实训 4　超声波雷达参数设置

1）在自动驾驶软件页面，单击"超声波雷达实训内容"按钮，打开超声波雷达参数设置界面。

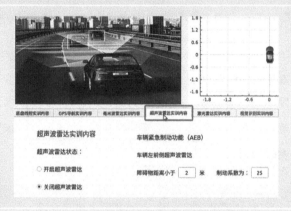

2）车辆紧急制动功能（AEB）设置。左超声波雷达，障碍物距离设为 2m，制动系数设为 25；右超声波雷达，障碍物距离设为 2m，制动系数设为 25。

实训 5　激光雷达参数设置

1）在自动驾驶软件页面，单击"激光雷达实训内容"按钮，打开激光雷达参数设置界面。

2）车身标定参数设置。按智能网联教学车实际尺寸填写参数。车长 3.2m，车宽 1.6m。

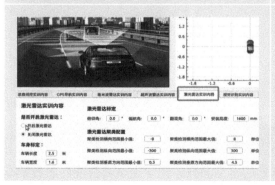

3）激光雷达标定参数设置。根据智能网联教学车激光雷达的实际安装角度及安装位置填写参数，偏航角0，翻滚角0，俯仰角0，安装高度1800mm。

4）车辆自动巡航功能（ACC）设置。距离前方障碍物设为5m，距离两侧障碍物设为0.5m，减速系数设为15。

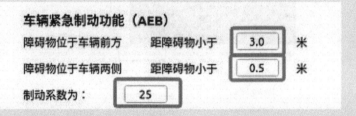

5）车辆紧急制动功能（AEB）设置。距离前方障碍物设置为3m，距离两侧障碍物设置为0.5m，制动系数设置为25。

车辆紧急制动功能（AEB）

障碍物位于车辆前方　距障碍物小于　3.0　米

障碍物位于车辆两侧　距障碍物小于　0.5　米

制动系数为：　25

实训 6　视觉传感器参数设置

1）在自动驾驶软件页面，单击"视觉传感器实训内容"按钮，打开视觉传感器参数设置界面。

2）视觉识别参数设定。"置信度阈值"设为0.50，"非极大性抑制阈值"设为0.40。

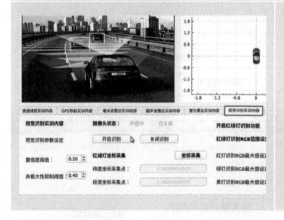
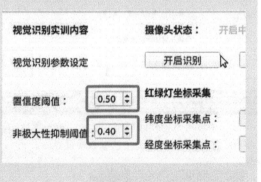

（3）任务评价

根据操作评估表，对实训任务进行评价。

任务小结

本任务主要介绍了计算平台自动驾驶软件的常见参数，让学生学习智能网联教学车计算平台自动驾驶软件的配置方法。为了让读者对本任务内容有一个清晰的认知，具体思维导图如图 3-36 所示。

图 3-36　本任务主要内容思维导图

课程思政案例

2022 年大国工匠年度人物秦世俊是哈尔滨飞机工业集团有限责任公司数控铣工，从事数控加工 20 年间，他潜心钻研，实现了镗削加工表面粗糙度达到 $Ra0.13 \sim Ra0.18Nm$ 的镜面级，让中国制造更具话语权。他先后参与生产加工多个型号飞机零部件等几百余项任务，多次参加同行业技术交流、国内外技术深造，学习推广数字化制造、3D 打印技术等前沿数控加工技术，为提升企业技术进步和国家航空装备制造水平做出了卓越贡献。大国工匠完美诠释了"干一行、钻一行、精一行，才能干出名堂，实现人生出彩"！

作为新时代下的我们，应该积极学习大国工匠的精神，培养"执着专注、精益求精、一丝不苟、追求卓越"的工匠精神。通过不断提升自己的专业素养和技能水平，为行业进步贡献自己的力量。

项目四　计算平台的调试

项目引言

　　计算平台是智能网联汽车的重要组成部分，智能网联汽车自动驾驶功能的实现与计算平台是密不可分的，自动驾驶功能更加安全和易用的前提是计算平台数据处理的准确性。为了保证数据传输的准确性与实时性，必须对计算平台进行调试，包含线路的部署和接口通信的配置。

项目目标

知识目标：

1）能够理解计算平台通信电路分布。

2）能够独自完成计算平台常用接口的通信配置。

3）能够掌握计算平台线路的线束部署。

技能目标：

1）能够独立完成计算平台通信线路的部署。

2）能够独立完成计算平台 CAN 接口参数的配置工作。

3）能够独立完成计算平台 RS232 通信接口参数的配置工作。

4）能够独立完成计算平台以太网接口 IP 地址的配置工作。

素养目标：

1）具备综合学习能力和逻辑思维能力。

2）锻炼团队合作的协作精神。

3）能够互相学习，共同进步。

4）守文明，懂礼貌，遵守课堂纪律及实训规则。

任务1　线路调试

任务目标

● 了解计算平台通信电路分布。

- 熟悉计算平台常用接口。
- 能够识读计算平台电路图。
- 能够完成计算平台通信线路的部署。

情景导入

刘某是一家智能网联汽车科技公司的技术人员，公司安排他为客户介绍计算平台的线路部署与接口认知，如果你是刘某，你会怎样介绍呢？

应知应会

一、计算平台功能架构

智能网联教学车的计算平台通过各种网络与感知层的摄像头、雷达等传感器相连，以获取各类传感器检测到的行驶环境信息，进而对获取的信息进行数据融合处理；通过云端平台或其他 V2X 设备进行网络通信；通过 CAN 网络与执行层的中枢——整车控制器相连；通过整车控制器，发送动力、底盘系统及车身电子控制系统的控制信息，实现车辆自动驾驶过程中的控制工作。智能网联教学车计算平台的功能拓扑结构如图 4-1 所示。

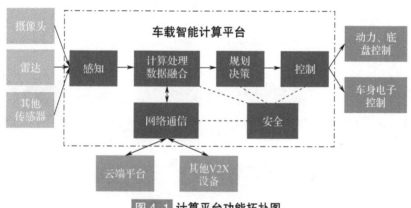

图 4-1 计算平台功能拓扑图

二、计算平台电路识读

计算平台的功能拓扑结构集成了人工智能、信息通信、互联网、云计算等计算机和网络技术，以保证智能网联汽车感知、规划、决策、控制功能模块高速可靠地运行。下面以智能网联教学车的计算平台为例介绍计算平台的电路。如图 4-2 所示，智能网联教学车的计算平台通过 RS232 网络接口与组合导航系统相连，获取导航信息；通过以太网接口与激光雷达相连，获取激光雷达的原始点云数据；通过 USB 接口与视觉传感器相连，获取视觉信息；通过 CAN 网络与毫米波雷达及超声波雷达相连，以获取两种雷达的检测数据；最后，通过高速 CAN 与整车控制器通信，实现底盘线控系统的控制。

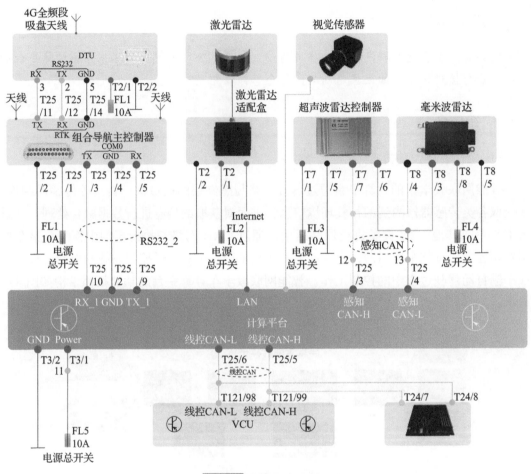

图 4-2 计算平台电路图

三、计算平台接口认知

计算平台的外部硬件接口分为电源接口、通信接口等。通信接口是 CPU 和主存、外设之间通过总线连接的逻辑部件，能够实现彼此之间的信息传送。接口可以根据程序的指令信息来控制外设的操作，也可以监视外设的工作状态，从而完成一些特定的功能。在计算平台中，一般通过接口来获取外界的数据和功能信号，如 CAN、USB、RS232、LAN、UART、HDMI、GMSL 等接口。

智能网联车计算平台根据感知系统和决策系统各部件的数据传输量，使用不同的网络接口，接收各部件的数据，如图 4-3 所示。

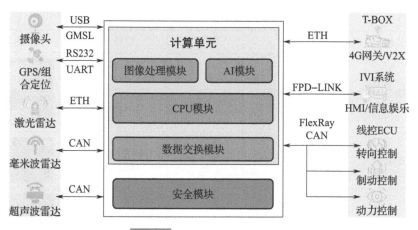

图 4-3　计算平台常用网络接口

下面以智能网联教学车的 RTSS-X509 V2.0 型计算平台为例（图 4-4），介绍计算平台的外接硬件接口。

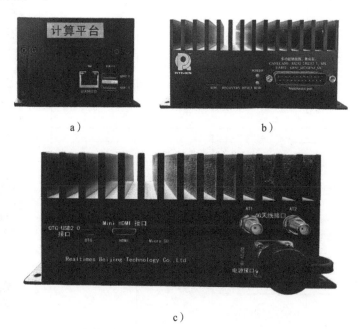

图 4-4　RTSS-X509 V2.0 型计算平台接口

智能网联教学车的 RTSS-X509 V2.0 型计算平台拥有一个电源接口、一个 OTG-USB2.0 接口、两个 4G 天线接口、一个 Mini HDMI 接口、一个千兆 RJ45 网口、两个 USB 通用接口以及一个 DB25 多功能插接器。多功能插接器中包含两路 CAN 接口、两路 RS232 接口、一路 SPI 接口、一路 UART 接口和两路 I2C 接口，详见表 4-1。

表 4-1　RTSS-X509 V2.0 型计算平台外部接口

接口名称		功能	标识	型号	图示
电源接口		电源输入接口	DC12V IN	SF1213/S3	
4G 天线接口		4G 天线接口	AT1、AT2	Ipex 转 sma 母头	
OTG-USB2.0 接口		Micro USB2.0（OTG）功能	OTG	Micro USB 2.0 Type-B	
Mini HDMI 接口		HDMI 显示插接器	HDMI	Mini HDMI 插接器	
千兆网口		以太网插接器	GbE	RJ45 网口	
USB3.0&USB2.0 接口		USB 插接器	USB × 2	双 USB Type-A 接口	
多功能针脚插针	CAN1&CAN0 接口	CAN 网络连接	Multifuntion-port	DB25	
	RS232_2&RS232_3 接口	RS232 网络连接			
	UART1 接口	Debug UART			
	SPI 接口	SPI 网络连接			
	GEN1_I2C&GEN2_I2C	I2C 网络连接			
	两个 3.3V	信号电源			
	两个 GND	信号搭铁			
	BUTTON_PWR	启动连接线			

1. 计算平台电源接口

电源接口用于给计算平台供电，其功率为 36W，输入电压为 12V。智能网联教学车需要提供一路独立的 12V 低压电源，用于给计算平台供电，保证其正常工作。电源接口外观如图 4-5 所示，针脚定义见表 4-2。

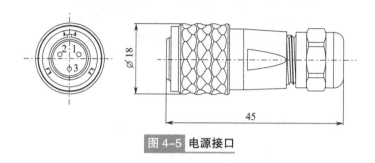

图 4-5 电源接口

表 4-2 计算平台电源接口针脚定义

针脚号	功能说明	备注
1	电源针脚	电压 9~16V
2	搭铁线	接车身搭铁
3	—	—

2. 网络接口

智能网联教学车的计算平台，通过 USB 接口与摄像头通信；通过 RS232 接口与组合导航通信；通过以太网（ETH）与激光雷达连接；通过 CAN 网络与毫米波雷达及超声波雷达通信；通过 CAN 网络与底盘线控系统通信；通过 HDMI 接口连接显示器，方便自动驾驶软件的打开及运行。需要注意的是，计算平台有两路 CAN，作为以太网插接器，用于和激光雷达通信。它有两个 USB 接口，一个为 USB2.0，一个为 USB3.0，其中 USB3.0 用于和视觉传感器通信。

（1）CAN 接口

CAN 是国际上应用最广泛的现场总线之一。与一般的通信总线相比，CAN 总线数据通信具有突出的可靠性、实时性和灵活性。CAN 作为汽车环境中的通信微控制器，在车载各电子控制装置（ECU）之间交换信息，形成汽车电子控制网络。例如：发动机管理系统、变速器控制器、仪表装置中，均嵌入了 CAN 控制装置。在计算平台中，CAN 总线的应用十分广泛，如与线控底盘系统的通信、与毫米波雷达的通信、与超声波雷达的通信等。

智能网联教学车的计算平台共有两路 CAN，分为 CAN0 和 CAN1，其中 CAN0 用于与底盘线控系统通信，CAN1 用于与毫米波雷达和超声波雷达通信。RTSS-X509 V2.0 计算平台的两路 CAN 接口被集成在一个 DB25 多功能插接器上，如图 4-6 所示。

图 4-6 计算平台 CAN 接口展示

（2）USB 接口

通用串行总线（Universal Serial Bus，USB）是一种串口总线标准，也是一种输入 / 输出接口的技术规范，被广泛地应用于个人计算机和移动设备等信息通信产品。USB 接口具有热插拔功能，可连接多种外设，如鼠标、键盘、摄像头等。USB 接口有多个规范版本，包括 USB1.0、USB2.0、USB3.0、USB3.1 以及 USB4.0 等。

USB2.0 的传输速率为 480Mbit/s，足以满足大多数外接设备的数据传输速率要求。

USB3.0 的理论速率为 5.0Gbit/s，广泛用于 PC 外围设备和消费电子产品。

USB3.1 的数据传输速率为 10Gbit/s，兼容现有的 USB3.0 软件堆栈和设备协议、5Gbit/s 的集线器与设备、USB2.0 产品等。

USB4.0 支持 40Gbit/s 的传输速率，兼容 USB3.1、USB3.0 和 USB 2.0。

智能网联教学车的计算平台共有两路 USB 接口，分别为 USB2.0 接口和 USB3.0 接口，如图 4-7 所示。计算平台通过 USB3.0 接口与视觉传感器通信，它的通信速率能够满足视觉数据信号的传输要求。

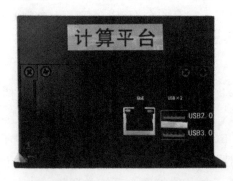

图 4-7 计算平台 USB 接口展示

（3）RS232 标准接口

RS232 标准（又称 EIA RS232）是常用的串行通信接口标准之一，其全名是"数据终端设备（DTE）和数据通信设备（DCE）之间串行二进制数据交换接口技术标准"。

该标准规定采用一个 25 个脚的 DB-25 插接器，如图 4-8 所示，规定了插接器每个引脚的信号内容，及各种信号的电平，见表 4-3。后来 IBM 将 RS232 简化成了 DB-9 插接器，如图 4-9 所示，从而成为事实标准。工业控制的 RS232 接口一般只使用 RXD（Received Data，接收数据）、TXD（Transmit Data，发送数据）、GND（Ground，地线或零线）三条线，见表 4-3 橙色底纹内容。

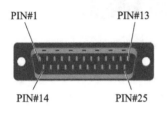

图 4-8 DB-25 插接器示意图

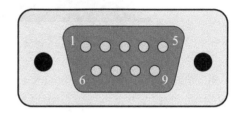

图 4-9 DB-9 插接器示意图

表 4-3 RS232 标准接口针脚定义

接口名称	针脚	信号	含义	针脚	信号	含义
DB-25	2	TX	发送数据	7	GND	信号地
	3	RX	接收数据	8	DCD	数据载波检测
	4	RTS	请求发送	20	DTR	数据终端准备
	5	CTS	清除发送	22	DELL	振铃指示
	6	DSR	数据准备好			
DB-9	1	DCD	数据载波检测	6	DSR	数据准备好
	2	RX	接收数据	7	RTS	请求发送
	3	TX	发送数据	8	CTS	清除发送
	4	DTR	数据终端准备	9	DELL	振铃指示
	5	GND	信号地			

智能网联教学车的计算平台有两个 RS232 网络接口，分为 RS232_2 和 RS232_3，其中 RS232_2 接口用于与组合导航系统进行通信。RTSS-X509 V2.0 计算平台的两路 RS232 接口被集成在一个 DB25 多功能插接器上，如图 4-10 所示。

（4）以太网接口

以太网是应用最广泛的局域网通信方式，同时也是一种协议。下面介绍几种常见的以太网接口类型。

图 4-10 计算平台 RS232 接口展示

1）SC 光纤接口。在 100Base-TX 以太网时代，SC 光纤接口就已经得到应用。不过当时由于性能并不比双绞线高，因此没有得到普及，但在千兆网络的影响下，SC 光纤接口又得到一定程度的应用。SC 光纤接口主要用于局域网交换环境，在一些高性能以太网交换机和路由器上提供了这种接口，它与 RJ-45 接口看上去很相似，不过 SC 接口显得更扁些，其明显区别还是里面的触片。如果是 8 条细的铜触片，则是 RJ-45 接口，如果是一根铜柱，则是 SC 光纤接口，如图 4-11 所示。

2）RJ-45 接口。这种接口就是最常见的网络设备接口，俗称"水晶头"，专业术语为 RJ-45 插接器，属于双绞线以太网接口类型，如图 4-12 所示。RJ-45 插头只能沿固定方向插入，设有一个塑料弹片与 RJ-45 插槽卡住以防止脱落。这种接口在 10Base-TX 以太网、100Base-TX 以太网、1000Base-TX 以太网中都可以使用，传输介质都是双绞线。不过根据带宽的不同，对介质也有不同的要求，特别是 1000Base-TX 以太网连接时，至少要使用超五类线，要保证稳定高速的话还要使用 6 类线。

图 4-11 SC 光纤接口

图 4-12 RJ-45 接口

3）FDDI 接口。FDDI 是成熟的 LAN 技术中传输速率最高的一种，具有定时令牌协议的特性，支持多种拓扑结构，传输媒体为光纤，如图 4-13 所示。FDDI 使用双环令牌，传输速率可以达到 100Mbit/s。CCDI 是 FDDI 的一种变型，它采用双绞铜缆为传输介质，数据传输速率通常为 100Mbit/s。FDDI-2 是 FDDI 的扩展协议，支持语音、视频及数据传输，是 FDDI 的另一个变种，称为 FDDI 全双工技术（FFDT）。它采用与 FDDI 相同的网络结构，但传输速率可以达到 200Mbit/s。FDDI 接口在网络骨干交换机上比较常见。

智能网联教学车的 RTSS-X509 V2.0 计算平台有一个以太网接口，用于与激光雷达传感器进行通信，其以太网接口如图 4-14 所示。

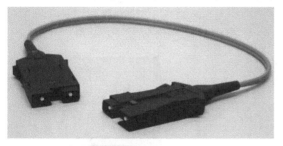

图 4-13　FDDI 接口

图 4-14　计算平台以太网接口

技能实训

四、实训项目

实训设备介绍

本任务以智能网联教学车为载体，开展对智能网联汽车计算平台线束部署的实训。智能网联教学车外观如图 2-33 所示。专业的教具 + 专门的教材，让学生理论和实操的学习更轻松，更深入。

计算平台线束部署

需要注意，智能网联教学车的动力蓄电池作为一切动力的来源，是电动汽车最特殊也是最重要的部件，为了增加设备使用寿命，确保稳定正常运行，需要定期对电池进行维护及保养；如发现设备有过热、异响需及时检修，以免造成严重事故。

1. 计算平台线束部署

（1）任务准备

1）操作设备：智能网联教学车。

2）工具 / 材料：DB25 插接器（母）、SF1213/S3 插接器（母）、各色线束、双绞线、以太网线、USB3.0 延长线、熔丝盒、线束标记牌、纸胶带、布胶带、1.5mm 十字螺钉旋具、剥线钳、电烙铁、锡焊丝、插线板、热缩管、热风枪。

3）人员分工：组长 1 名，记录人员 1 名，检验人员 1 名，操作人员若干。以上角色可通过选举、抓阄及教师指定等来担任，通过多个任务的训练，争取让每个学生轮流担任每个角色，以提升学生自身综合能力。

4）实训场地：智能网联汽车实训室。

（2）任务实施

实训前，首先确保实训设备零部件充足，工具齐备，能够正常使用。

任务要求：

能够独自完成计算平台线束的部署工作。

实训前防护

个人防护：实训人员穿好工装，戴好手套。

整车防护：车内部铺设脚垫、座椅套和转向盘套；车外铺设翼子板和后保险杠护罩。

计算平台线束部署

步骤一：计算平台电源及搭铁线束部署。

1）选择计算平台的电源插接器。

2）部署电源线束。

①识读电路图，电源插接器电源端子为 T3/1 号针脚，连接 FL5 熔断器线束。

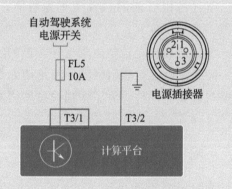

②在计算平台位置，将电源插接器电源线束接到 FL5 熔断器线束，确定电源线长度并做裁切。

③使用剥线钳剥去两条线束端 1cm 外皮。

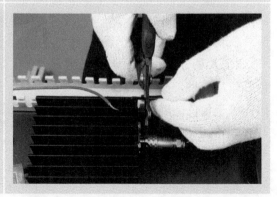

④在线束内，首先穿入热缩管，然后将两条线的铜丝部位铰接在一起。

⑤对两条线的连接部位进行焊接。

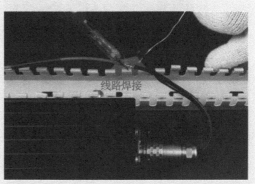

⑥将热缩管移到焊接部位，使用热风枪加热，进行热缩绝缘。电源线束部署完毕。

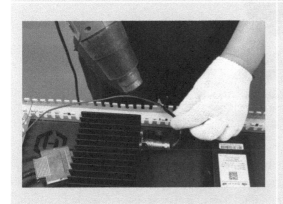

3）部署搭铁线束。

①识读电路图，电源插接器搭铁端子为T3/2号针脚，连接到搭铁点。

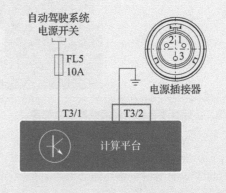

②在计算平台安装位置，将电源插接器搭铁线束接到车身搭铁线，确定长度并裁切。

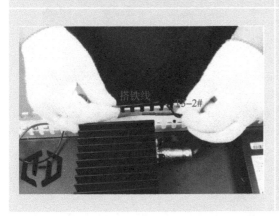

③使用剥线钳剥去两条线束端1cm外皮。

④在线束内，首先穿入热缩管，然后将两条线的铜丝部位铰接在一起，进行焊接。

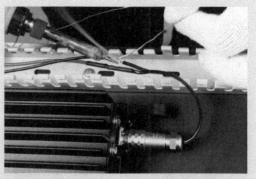

⑤将热缩管移到焊接部位，热缩绝缘。搭铁线束部署完毕。

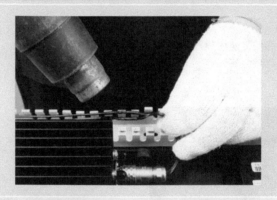

步骤二：计算平台多功能插接器线束部署。

1）多功能插接器线束的安装及标记。

①选择与计算平台多功能插接器配套的 DB25 插接器。

②识读电路图，确定 DB25 插接器的连接针脚：感知 CAN，CAN–H 为 T25/3 针脚，CAN–L 为 T25/4 针脚；线控 CAN，CAN–H 为 T25/5 针脚，CAN–L 为 T25/6 针脚；RS232_2，TX 为 T25/9 针脚，RX 为 T25/10 针脚，GND 为 T25/2 针脚。

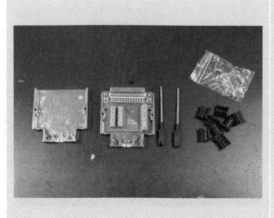
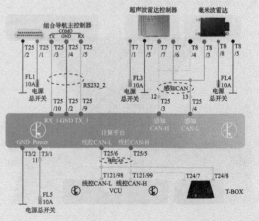

③选择长度裁切好的双绞线，剥去两个线头上 5mm 的绝缘皮，露出金属线；在 DB25 插接器上，安装感知 CAN 线束，接头金属线分别接 T25/3 针脚和 T25/4 针脚，使用螺钉旋具固定，紧固力矩 3~5N・m，然后在双绞线另一端做标记。

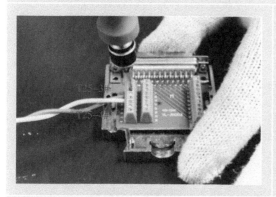

④选择长度裁切好的双绞线，剥去两个线头上 5mm 的绝缘皮，露出金属线；在 DB25 插接器上，安装线控 CAN 的两条线束，分别接 T25/5 针脚和 T25/6 针脚，使用螺钉旋具固定，紧固力矩 3~5N・m，并在线束另一端做标记。

⑤在 DB25 插接器上，安装 RS232_2 网络的三条信号线，分别接 T25/9 针脚、T25/10 针脚和 T25/2 针脚，使用螺钉旋具固定，紧固力矩 3~5N・m，并在三条线束的另一端做标记。

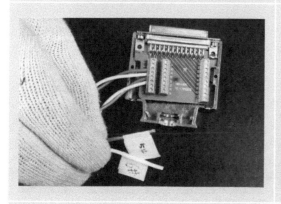

⑥给线束安装防护网、线束护套，然后装配 DB25 插接器并安装螺栓，使用螺钉旋具固定螺栓，紧固力矩 3~5N・m。带线束的多功能插接器准备完成。

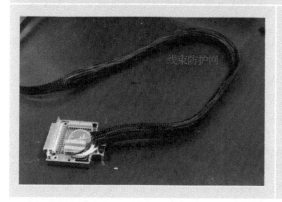
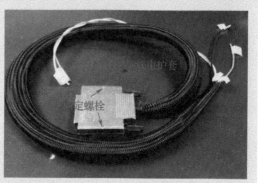

2）感知 CAN 通信线路部署。

①识读电路图，计算平台感知 CAN 连接毫米波雷达和超声波雷达控制器。

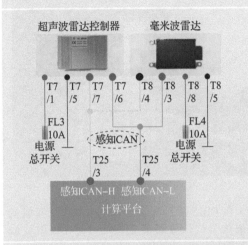

②部署感知 CAN-H 线路。

a）根据电路图所示，将计算平台多功能插接器 T25/3 针脚、超声波雷达插接器 T7/7 针脚及毫米波雷达模块 T8/4 针脚连接到一个交点。

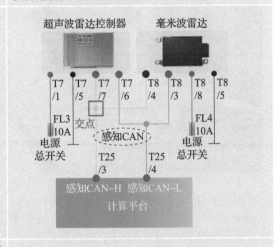

b）分别找出计算平台、毫米波雷达和超声波雷达模块三个节点感知 CAN-H 的线束接头，使用剥线钳剥去三个线束接头 1cm 外皮。

c）将 CAN-H 线束接头穿入热缩管，然后将三根线的金属线绞接，拧在一起。

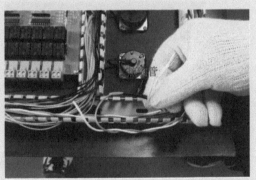

d）使用焊枪对线束连接部位进行焊接。

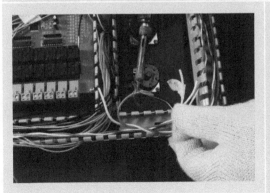

e）将热缩管移到焊接部位，使用热风枪热缩绝缘，感知 CAN-H 线束部署完毕。

③部署感知 CAN-L 线路。

a）根据电路图所示，将计算平台多功能插接器 T25/4 针脚、超声波雷达插接器 T7/6 针脚及毫米波雷达模块 T8/3 针脚连接到一个交点。

b）分别找出计算平台、毫米波雷达和超声波雷达模块三个节点感知 CAN-L 的线束接头，使用剥线钳剥去三个线束接头 1cm 外皮。

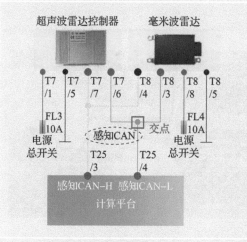

c）将 CAN-L 线束接头穿入热缩管，然后将三根线束的金属线绞接，拧在一起，并进行焊接。

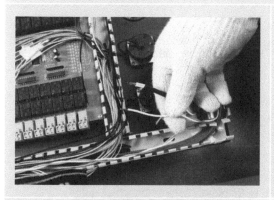

d）将热缩管移到焊接部位，使用热风枪热缩绝缘，感知 CAN-L 线束部署完毕。

3）部署线控 CAN 通信线路。

①识读电路图，将计算平台的线控 CAN 与 VCU 和 T-BOX（远程通信模块）连接。

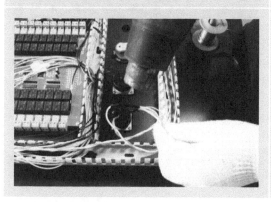

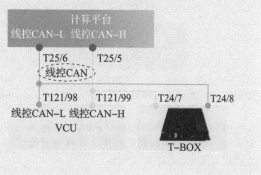

②线控 CAN-H 与 CAN-L 线路部署。

a）按电路图所示，线控 CAN-H 线路分别连接计算平台 T25/5 针脚、VCU 模块 T121/99 针脚和 T-BOX 模块 T24/7 针脚；线控 CAN-L 线路分别连接计算平台 T25/6 针脚、VCU 模块 T121/98 针脚和 T-BOX 模块 T24/8 针脚。

b）采用与感知 CAN-H 线路相同的方法，分别制作线控 CAN-H 与线控 CAN-L 线路。

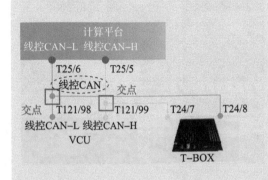

4）部署 TS232 通信线路。

①识读电路图，计算平台使用 RS232-2 接口与组合导航通信。计算平台 T25/9 针脚（TX）连接组合导航 T25/5 针脚（RX）；计算平台 T25/10 针脚（RX）连接组合导航 T25/3 针脚（TX）；计算平台 T25/2 针脚（GND）连接组合导航 T25/4 针脚（GND）。

②采用与电源线路连接相同的方法，分别制作 RS232_2-RX 线、RS232_2-TX 线和信号搭铁线。

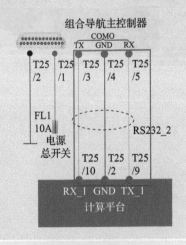

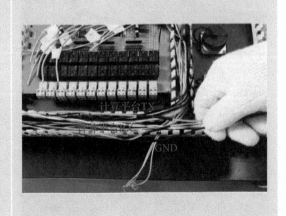

步骤三：以太网通信线路部署。

1）以太网线选择。激光雷达通过以太网线与计算平台进行通信。根据电路图，计算平台通过以太网线与激光雷达适配盒相连。

2）在智能网联教学车计算平台安装位置，观察计算平台网口到激光雷达适配器网口的走向，然后选择长度合适的以太网线进行连接。

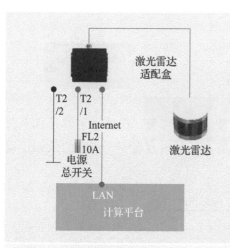

步骤四：USB 通信线路部署。

1）USB 线选择。智能网联教学车的视觉传感器通过 USB 网络与计算平台进行通信。根据电路图，计算平台通过 USB3.0 接口与视觉传感器相连。

2）在智能网联教学车计算平台安装位置，观察计算平台网口到视觉传感器的线束走向，然后选择长度合适的 USB 线进行连接。

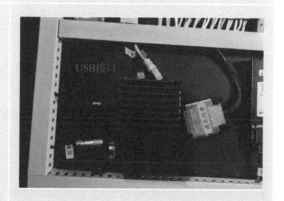

步骤五：计算平台接口线束整理。

1）根据各接口线束的连接位置，按线束的走向部署各线束，按线路的走向，使用布胶带包裹相应线束。

2）将计算平台各接口的线束都插入相应的接口。计算平台线束部署完成。

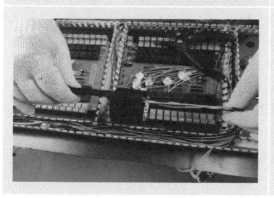

（3）任务评价

根据任务评估表的相关内容，对本任务进行评价。

任务小结

本任务主要介绍了计算平台的电路和接口，以及线路的部署，让读者了解计算平台台架，掌握计算平台台架的线路部署。为了让读者对本任务内容有一个清晰的认知，设置了思维导图，具体如图4-15所示。

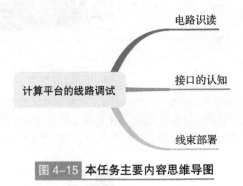

图4-15 本任务主要内容思维导图

课程思政案例

从前，孔子跟从师襄子学琴。师襄子教了一首曲子后，孔子每日弹奏，丝毫没有厌倦。过了十天，师襄子说："这首曲子你弹得很不错，可以学新曲子了。"孔子说："我虽学会了曲谱，可还没有掌握一些高难度的技巧。"又过了许多天，师襄子说："你已掌握了弹奏技巧，可以学新曲子了。"孔子说："我还没有品味出这首曲子的神韵。"又过了许多天，师襄子说："你已领会了这首曲子的神韵，可以学新曲子了。"孔子说："我还没体会出作曲者是怎样一个人，尚未深入他的内心世界。"又过了很多天，孔子庄重地向远处眺望，说："我现在知道作曲者是什么人了。这人长得黑，身材魁梧，胸怀大志，要统一四方，一定是周文王。"师襄子听后，立即离席行礼，说："这首曲子就叫《文王操》啊！"

在学习计算平台电路和接口认知的知识时，通过了解孔子学琴的故事，我们要懂得学习需要用心专一，深入其中的道理。倘若停留在表面，或是深入得不彻底，便难以领悟其中更深的道理，而且学习也不是为别人学，是为我们自己学，为更好地掌握知识，提升能力，服务社会而学。当学习众多复杂功能的接口知识和面对琳琅满目的应用场景时，不能轻易放弃，要大力弘扬精益求精、勇于创新的工匠精神。

任务 2 通信接口调试

任务目标

- 了解计算平台外围接口网络通信技术。
- 理解计算平台各种网络通信原理。
- 理解计算平台通信配置的意义。
- 能够独立完成计算平台与毫米波雷达及超声波雷达 CAN 接口参数的配置工作。
- 能够独立完成计算平台与组合导航通信接口参数的配置工作。
- 能够独立完成计算平台与激光雷达通信接口参数以及以太网 IP 地址的配置工作。

情景导入

刘某是一家车载计算平台科技公司技术人员，公司安排她向客户演示刚刚完成外接传感器部署的车载计算平台。演示过程中客户想了解该车载技术平台外接传感器的通信功能，如果你是刘某，你会怎样操作呢？

应知应会

一、计算平台外围接口网络通信技术简介

自动驾驶系统由很多传感器、执行器、控制器组成，不同的电子元器件之间有丰富的通信需求。作为一名自动驾驶系统工程师，了解车辆的通信方式能够更好地理解整个系统的特点和局限。常用的车载通信技术有 CAN、GMSL、RS232、以太网等。

1. CAN 总线简介

CAN 最早由博世公司开发，其全称是控制器局域网（Controller Area Network），物理上使用双绞线（分别是 CAN-H 线和 CAN-L 线）实现差分信号，低速 CAN 通信速率（比特率）可达 125kbit/s，高速 CAN 可达 1Mbit/s。连接在 CAN 上的所有参与者是对等的（分布式结构），如图 4-16 所示。

CAN 上的参与者称作节点，一个 CAN 节点由控制模块、CAN 控制器和 CAN 收发器组成，如图 4-17 所示。其中控制模块运行应用软件；CAN 控制器负责提供接口，处理发送缓冲、接收队列、总线访问、串行解串；CAN 收发器则负责码流和电平信号之间的转换。CAN 控制器和 CAN 收发器都既有独立的形式（Isolated），又有集成的形式（Integrated）。

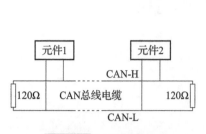

图 4-16 CAN 总线结构

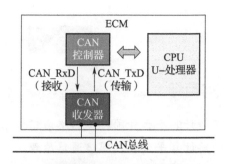

图 4-17 CAN 节点的结构

　　CAN 总线通过两条导线进行通信，分别称为 CAN-H 线和 CAN-L 线，采用双绞线作为通信介质。CAN 总线的两条导线上电压分别为，CAN-H=2.5 ~ 3.5V，CAN-L=1.5 ~ 2.5V。两条线静态时均为 2.5V 左右，此时状态表示为逻辑 1，也被称作隐性。当两条线电压值出现差异时，通常 CAN-H=3.5V，CAN-L=1.5V，此时状态表示为逻辑 0，也称作显性。即差分电压 CAN-diff =CAN-H – CAN-L= 0V，表示逻辑 1，为隐性；差分电压 CAN-diff = 2V，表示逻辑 0，为显性。具体如图 4-18 所示。

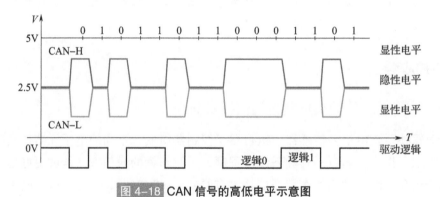

图 4-18 CAN 信号的高低电平示意图

　　隐性电平和显性电平是指 CAN 总线上的两种不同的电压状态。对于优先级来说，显性电平优先级高于隐性电平。当不同 CAN 节点同时发送显性和隐性总线电平时，CAN 总线将呈现显性总线电平。只有当所有 CAN 节点都发送隐性电平时，CAN 总线才呈现隐性总线电平。

　　CAN 总线以"帧（Frame）"形式进行通信。CAN 总线有五种帧，见表 4-4。

表 4-4　CAN 的帧类型及用途

帧类型	帧用途
数据帧（Data frame）	节点发送的包含 ID 和数据的帧，用于发送单元向接收单元传送数据的帧
遥控帧（Remote frame）	节点向网络上的其他节点发出的某个 ID 的数据请求，发送节点收到遥控帧后就可以发送相应 ID 的数据帧

（续）

帧类型	帧用途
错误帧（Error frame）	节点检测出错误时，向其他节点发送的通知错误的帧
过载帧（Overload frame）	接收单元未做好接收数据的准备时发送的帧，发送节点收到过载帧后可以暂缓发送数据帧
帧间隔（Inter-frame space）	用于将数据帧、遥控帧与前后的帧分隔开的帧

数据帧（Data Frame）顾名思义，是用来传输数据的，如图 4-19 所示。

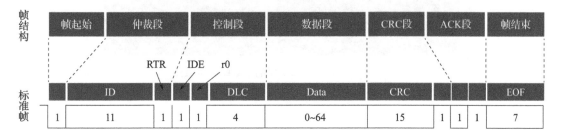

图 4-19　CAN 数据帧的结构

CAN 总线上的所有节点没有主从之分，反映在数据传输上就是：在总线空闲状态下，任意节点都可以向总线上发送信息。另外，最先向总线发送信息的节点获得总线的发送权；当多个节点同时向总线发送消息时，所发送消息的优先权高的那个节点获得总线的发送权。CAN 有一个逐位仲裁的载波监听多址访问机制。每个数据帧都有一个独特的、静态的 CAN ID，如图 4-19 所示，CAN ID 为 1 位。仲裁时，按照 CAN ID 来排列优先级（第一个隐性位出现的先后）。基于这一仲裁特性，优先保证 CAN ID 数值最小数据帧的实时性，即 CAN ID 的数值越小，优先级越大；数位越大，优先级越小。

数据帧中设计有滚动计数（Rolling counter）、校验和（Checksum）来提高鲁棒性和安全性。CAN 数据帧采用短帧结构，每一帧数据的有效字节数为 0~8 字节，即 0~64 位，如图 4-19 中的数据段。DBC（CAN Data Base，CAN 数据库）文件常用来描述 CAN 报文采用的协议，包括不同 ID 的数据帧各个位，标示的数据格式、单位和转换公式（仿射变换的幅值和偏差参数）。

CAN 总线进行通信时，需要配置 CAN 接口数据的参数，如图 4-20 所示。

（1）波特率

波特率是指在串口通信中每秒传输的二进制位数。它是串口通信的一个重要参数，决定了串口通信的速度和稳定性。一般而言，波特率越高，数据传输速度就越快。波特率是由发送方和接收方共同决定的。在网络通信中，发送方和接收方需要通过某种方式（如协议）约定一个共同的波特率，然后按照这个波特率进行数据的发送和接收。CAN 总线常用的波特率有 125kbit/s、250kbit/s、500kbit/s 和 1Mbit/s 等。

图 4-20 CAN 接口数据的参数配置示意图

（2）模式

CAN 的模式主要有三种，分别为正常模式、只听模式和环回模式。

1）正常模式。相当于正常的节点，正常接收数据和发送数据。

2）只听模式。只接收，不影响总线。此模式下测试设备不会发送错误帧，用于自动检测波特率；测试设备以不同的波特率接收 CAN 帧，当收到 CAN 帧时，表明当前波特率与总线波特率相同。

3）环回模式。表示自发自收模式。用于适配器进行自测试，让 CAN 模块接收它自己的报文。在该模式下，CAN 模块发送路径在内部与接收路径相连接。该模式下会提供"假"应答，从而不需要另一个节点来提供应答位。CAN 报文不会实际发送到 CAN 总线上。适配器发出的 CAN 帧将能被适配器接收回来。

2. RS232 总线简介

RS232 是现在主流的串行通信接口之一。串口通信（Serial Communication）是一种在数据信号线和地线等导线下，按照位（bit）级别逐位传输数据的通信方式。这种方式不依赖于特定的数据编码或者其他复杂的通信协议，而是直接以位为单位进行数据交流。串口通常也被称为串行通信接口（Serial Communications Interface）。串口通信的数据格式为一个字符一个字符地传输，每个字符一位一位地传输，并且传输一个字符时，总是以"起始位"开始，以"停止位"结束，字符之间没有固定的时间间隔要求。

RS232 串口通信协议是一种串行通信的物理层标准。它定义了串行通信中的电气特性、插接器和信号级别等。RS232 是一种点对点的通信，其数据帧由起始位、数据位、校验位、停止位四部分组成，如图 4-21 所示。

RS232 标准规定了串行通信中的以下内容。

数据帧格式

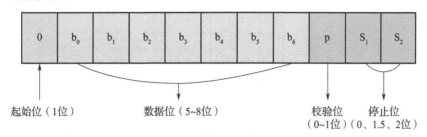

起始位（1位）　　　数据位（5~8位）　　　校验位　　　停止位
　　　　　　　　　　　　　　　　　　　　　（0~1位）（0、1.5、2位）

图 4-21 RS232 数据结构

（1）波特率

每秒传输的数据位数，单位为 bit/s。RS232 规定了数据传输中的波特率，数据传输速率有 50bit/s、75bit/s、100bit/s、150bit/s、300bit/s、600bit/s、1200bit/s、2400bit/s、4800bit/s、9600bit/s、19200bit/s、38400bit/s、57600bit/s、115200bit/s、230400bit/s、460800bit/s、500000bit/s。

（2）起始位、数据位、停止位和校验位

RS232 规定了数据传输中的起始位、数据位数、停止位数和校验位的设置。

1）起始位：表示串口数据传输开始，之后开始发送有效数据。RS232 起始位长度为 1，数据值等于逻辑 0，表示开始发送数据。

2）数据位：通信中实际数据的位数，RS232 数据位长度为 5、6、7 或 8，表示实际发送的数据。

3）校验位：是串口通信中一种简单的检错方式。有四种检错方式：偶、奇、高和低，也可无校检位。RS232 的校验位长度为 0（无校验）或 1。

4）停止位：用于表示单个包的最后一位。RS232 停止位的长度为 1、1.5 或者 2，数据值等于逻辑 1，表示数据帧发送结束。

（3）插接器

RS232 通常使用 DB-9 或 DB-25 插接器，其中 DB-9 插接器有 9 个引脚，DB-25 插接器有 25 个引脚（图 4-8 和图 4-9）。这些插接器用于将串行通信设备（如计算机、终端、调制解调器等）与外部设备（如打印机、传感器、仪器等）连接起来。

（4）信号级别

RS232 规定了不同信号的电平范围。例如，逻辑 1 的负电平通常在 -15 ~ -3 之间，逻辑 0 的正电平通常在 +3 ~ +15V 之间，如图 4-22 所示。这种较大的电平范围使得 RS232 可以在较长距离上进行可靠的数据传输。

RS232 能够实现全双工方式工作，需要地线、发送线和接收线三条线。RS232 串口一般定义：RXD 为接收数据，TXD 为发送数据，GND/SG 为信号地，如图 4-23 所示。

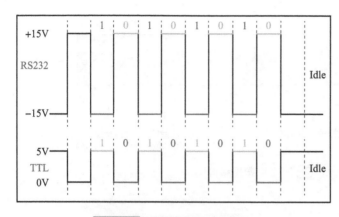

图 4-22 RS232 信号电平范围

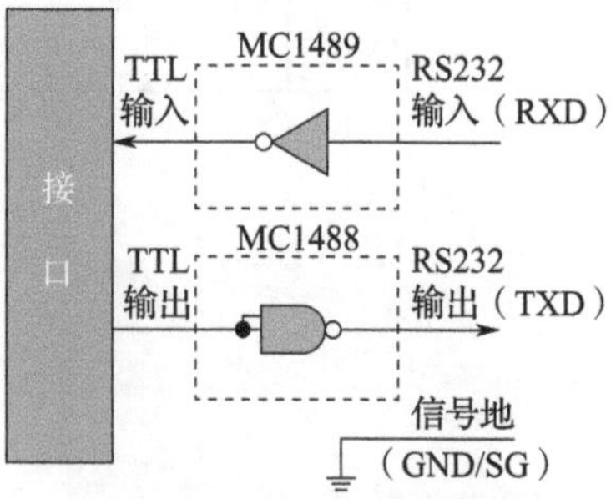

图 4-23 RS232 串口结构

RS232 接口可以实现点对点的通信方式，其协议标准主要规定了信号的用途、通信接口以及信号的电平标准。计算平台 RS232 通信参数配置，就是在相应的通信软件上，根据 RS232 的通信协议，设置相应参数，如图 4-24 所示。

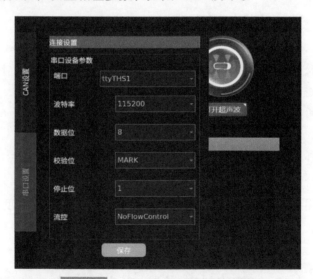

图 4-24 RS232 串口参数配置示意图

1）端口。计算平台软件测试组合导航时需要配置，通过端口接收来自组合导航的消息。

2）波特率。组合导航要求波特率设为 115200，选错波特率，日志窗口无组合导航日志输出。

3）数据位。组合导航要求数据位设为 8，选错数据位，启动组合导航时，最多出现一行组合导航信息，正常时组合导航信息应为连续输出。

4）校验位。组合导航要求校验位设置为 None，即无奇偶校验。选错校验位现象同数据位。

5）停止位。组合导航要求停止位设置为 1，选错停止位一般情况下可正常显示日志，无影响。

6）流控。当数据缓冲区满时，通过设置流控可不再接收新发来的数据。此软件设为 NoFlowControl，即无流控，当错选其他选项时，一般无影响，组合导航信息可正常显示。

3. GMSL 总线简介

GMSL（Gigabit Multimedia Serial Links，千兆多媒体串行链路）是一种高速串行接口，适用于视频、音频和控制信号的传输。

GMSL 的通信介质支持同轴电缆（COAX）以及屏蔽双绞线（STP），使用 50Ω 同轴电缆或者 100Ω 屏蔽双绞线时，长度可达 15m 甚至更长，如图 4-25 所示。

a）同轴电缆   b）屏蔽双绞线

图 4-25 GMSL 的通信介质

GMSL 的核心技术为串行器 / 解串器技术，简称 SerDes。SerDes 是英文 Serializer（并串行转换器）/Deserializer（串并行转换器）的简称。SerDes 是一种时分多路复用（TDM）、点对点的通信技术，即在发送端多路低速并行信号被转换成高速串行信号，经过传输媒体（光缆或铜线），最后在接收端高速串行信号重新转换成低速并行信号，其工作过程如图 4-26 所示。首先通过串行器将并行数据流转换为串行数据流，然后通过更高的频率进行传输，之后通过解串器将接收到的串行数据流转换为并行数据流。其优势有高速率、远距离、抗干扰性强等。目前基于 GMSL 架构的通信协议最高可实现单通道 12Gbit/s 的速率（GMSL3）。

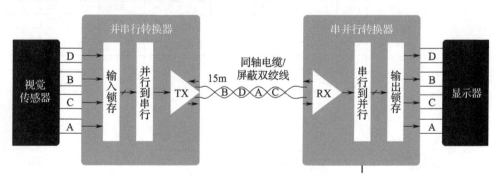

图 4-26 GMSL 的通信原理

在计算平台中，GMSL 通常用于智能网联汽车与摄像头之间的通信。

4. 以太网简介

汽车的智能化和网联化对车载通信系统的带宽和灵活性提出了新的需求。以太网由于有成熟的标准，被越来越多地应用于车载通信，时下很多汽车制造商有用车载以太网取代 MOST 和 FlexRay 的趋势。以太网的网络拓扑结构较为灵活，可以采用点对点形式、总线型、星形、环形等，或者以上几种形式的组合。车载以太网物理层标准有 10BASE-T1（802.3cg）、100BASE-T1（802.3bw）、1000BASE-T1（802.3bp）、10GBASE-T1（802.3ch）。

计算机的以太网通信需要配置 IP 地址，只有 IP 地址配置正确，才能进行网络通信。IP 地址（Internet Protocol Address，IP Adress）是一种在 Internet 上给主机统一编址的地址格式，也称为网络协议（IP 协议）地址。它为互联网上的每一个网络和每一台主机分配一个逻辑地址，常见的 IP 地址，分为 IPv4 与 IPv6 两大类，当前广泛应用的是 IPv4。目前 IPv4 几乎耗尽，下一阶段必然会将版本升级到 IPv6。如无特别注明，一般讲的 IP 地址均指的是 IPv4，如图 4-27 所示。

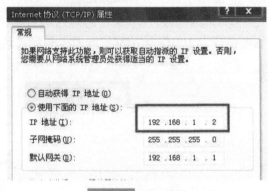

图 4-27 IPv4 地址

在网络通信中，以太网 IP 地址扮演着关键的角色。它用于标识和寻址网络上的设备，以确保数据能够准确无误地路由到目标设备。IP 地址是唯一的网络标识符，它类似于一本电话簿中的地址条目，允许计算机相互通信。通过 IP 地址，数据包可以从发送者传输到目标设备，并且在各种网络设备之间进行转发和路由，从而实现网络通信。

IP 地址分为公网 IP 地址和私网 IP 地址，如图 4-28 所示。公网地址分配和管理由

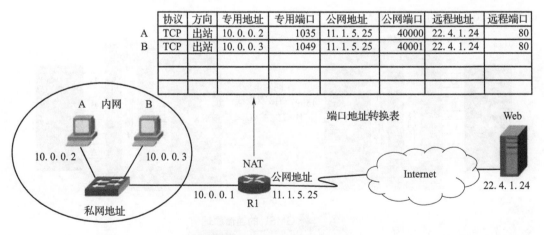

协议	方向	专用地址	专用端口	公网地址	公网端口	远程地址	远程端口
A	TCP	出站	10.0.0.2	1035	11.1.5.25	40000	22.4.1.24	80
B	TCP	出站	10.0.0.3	1049	11.1.5.25	40001	22.4.1.24	80

图 4-28 两种不同类型的 IP 地址

因特网信息中心负责。各级 ISP 使用的公网地址都需要向因特网信息中心提出申请，由其统一发放。私网 IP 地址可以用于私有网络，在 Internet 上没有这些 IP 地址。公网 IP 地址和私网 IP 地址的特点，如图 4-29 所示。

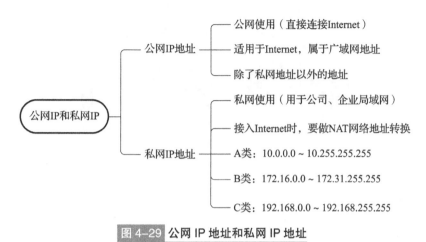

图 4-29 公网 IP 地址和私网 IP 地址

根据网络设备获取 IP 地址方式的不同，又分为动态 IP 地址和静态 IP 地址。

（1）动态 IP 地址

动态 IP 地址是由互联网服务提供商（ISP）自动分配给网络设备的 IP 地址。每次设备重新连接到网络时，它可能会被分配一个不同的 IP 地址。

动态 IP 地址适用于大多数家庭和小型企业网络，因为它们不需要经常保持相同的公网 IP 地址。

对于动态 IP 地址，设备的 IP 地址不是固定的，可能会随着时间而改变。

（2）静态 IP 地址

静态 IP 地址是由网络管理员手动配置给设备的 IP 地址，一旦配置，IP 地址就会保持不变。它不随着时间或连接的更改而改变。

静态 IP 地址通常用于需要在互联网上具有恒定标识的设备，如服务器、路由器、网络摄像头等。

技能实训

二、实训项目

实训设备介绍

本任务以智能网联教学车＋计算平台装配调试台架为载体，开展对智能网联汽车决策系统计算平台通信接口调试的实训。如图 4-30 所示。专业的教具＋专门的教材，让学生理论和实操的学习更轻松，更深入。

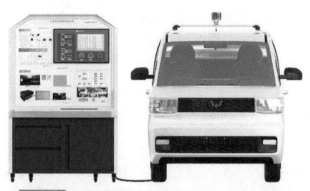

图 4-30 智能网联教学车 + 计算平台装配调试台架

计算平台通信
接口调试

1.计算平台通信接口调试

（1）任务准备

1）操作设备：智能网联教学车 + 计算平台装配调试台架。

2）工具 / 材料：无。

3）人员分工：组长 1 名，记录人员 1 名，检验人员 1 名，操作人员若干。以上角色可通过选举、抓阄及教师指定等来担任，通过多个任务的训练，争取让每个学生轮流担任每个角色，以提升学生自身综合能力。

4）实训场地：智能网联汽车实训室。

（2）任务实施

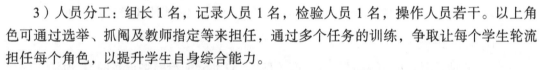

任务要求：
完成计算平台各通信接口的配置工作，确认各通信接口能够正常通信。

实训前防护	
个人防护：实训人员穿好工装，戴好手套。	整车防护：车内部铺设脚垫、座椅套和转向盘套；车外铺设翼子板和后保险杠护罩。

实训前准备

1）连接智能网联教学车及计算平台装配调试台架。

①断开智能网联教学车计算平台的接口，包括多功能插接器、以太网接口、电源接口。

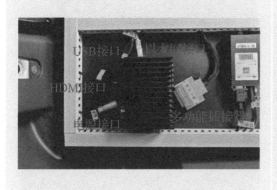

②使用线束连接智能网联教学车与计算平台装配调试台架。车辆和台架两端需要连接的接口有航空插头、以太网接口，以及台架的电源线。

③检查计算平台上的插接器，包括多功能插接器、以太网接口、电源接口、HDMI接口等。

2）车辆及台架供电。

①踩下制动踏板、将点火开关调到 ON 档，起动智能网联教学车。

②自动驾驶系统电源开关调到 ON 档，给自动驾驶系统供电。

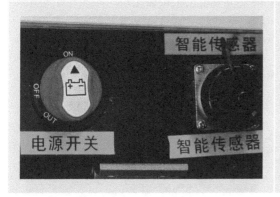

③打开计算平台装配调试台架面板右下角上的电源开关，给台架供电。

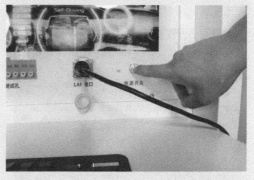

3）打开计算平台测试软件。

①在台架显示器桌面上，单击鼠标右键，打开右键快捷菜单；选择 Open Terminal，打开运行终端。

②在终端，输入命令"cd SensorMonitor/"，按<Enter>键确认，进入测试软件文件路径。

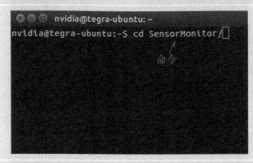 

③继续输入命令"./SensorMonitor"，按<Enter>键确认，打开计算平台测试软件。

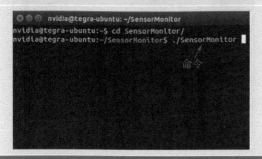 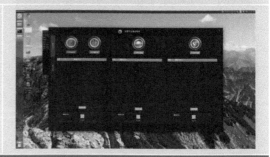

CAN 接口配置及通信调试

步骤一：CAN 连接设置。

1）单击计算平台测试软件右上角的"CAN 设置"按钮，打开相应窗口。

2）检查调整 CAN 配置。CAN 通道选择"CAN1"；波特率选择"500k"，最后单击"保存"按钮。

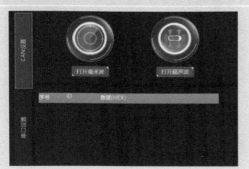 

步骤二：毫米波雷达通信调试。

1）单击"打开毫米波"按钮，进行通信调试。

2）如毫米波雷达与计算平台通信正常，日志界面显示毫米波雷达消息，"通信状态"为绿色"正常"。

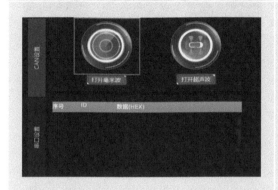

3）如毫米波雷达与计算平台通信中断，则不会继续接收毫米波雷达的消息，日志停在某一行不再变动；"通信状态"为红色"故障"。

4）单击"关闭毫米波"按钮，中断接收来自毫米波雷达的消息，消息显示将停止，日志不再增加；"通信状态"为蓝色"未启用"。

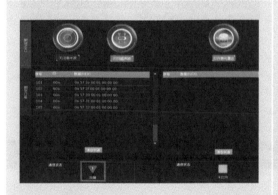

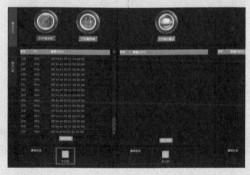

5）单击"清空列表"按钮清空界面上显示的毫米波雷达数据。

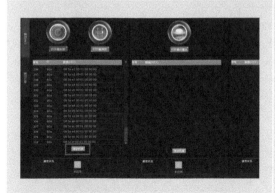

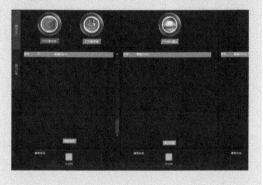

步骤三：超声波雷达通信调试。

1）单击"打开超声波"按钮，进行通信调试。

2）如超声波雷达与计算平台通信正常，日志界面显示超声波雷达消息；"通信状态"为绿色"正常"。

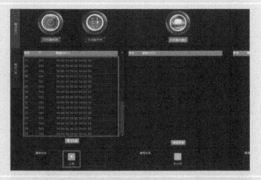

3）如超声波雷达与计算平台通信中断，则不会继续接收超声波雷达的消息，日志停在某一行不再变动；"通信状态"为红色"故障"。

4）单击"关闭超声波"按钮，中断接收来自超声波雷达的消息，消息显示将停止，日志不再增加；"通信状态"为蓝色"未启用"。

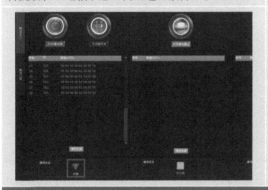

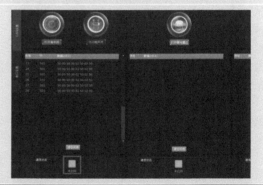

以太网接口配置及通信调试

步骤一：以太网 IP 地址配置。

1）启用网络。

①鼠标右键单击 "网络连接状态"图标 ，打开网络设置列表。

②用鼠标选择菜单栏中的"Enable Networking"（启用联网）选项，启用网络连接功能。此时，在菜单栏中 Enable Networking 选项前，出现"√"符号。

2）打开网络连接窗口。用鼠标选择菜单栏中"Edit Connections"（编辑连接），打开"Network Connections"（网络连接）窗口。

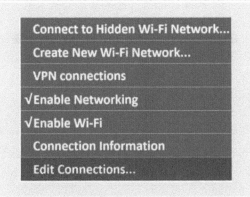

3）创建以太网连接。
①单击"创建"按钮，进入网络连接创建界面。

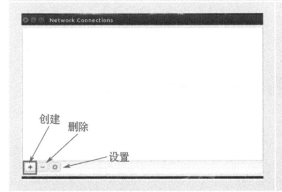

创建界面

②在"Choose a Connection Type"（选择网络连接类型）栏中选择 Ethernet，然后单击"Create..."（创建 ...），打开"Editing Ethernet Connection"（编辑以太网连接配置）窗口。此时创建了一个新的以太网连接，可在"Connection name"（连接名称）文本框中，输入以太网线插入接口的名称。

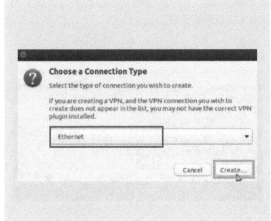

③如果需要配置的以太网接口已经创建，在"Network Connections"（网络连接）窗口，选择以太网接口名称，如"Wired connection 2"，然后单击"设置"按钮，打开此连接的"Editing Ethernet Connection"（编辑以太网连接配置）窗口。

4）以太网 LAN 接口 IP 地址设置。

①在"Editing Wired Connection"（编辑以太网连接配置）界面的横向选项卡中，选择"IPv4 Settings"（IPv4 设置）选项，打开 IP 地址设置窗口。

②在窗口的"Method"（模式）下拉列表中，选择"Manual"（手动）选项。

③在"Addresses"（地址）文本框中，依次输入地址：192.168.1.102；输入"Netmask"（子网掩码）：255.255.255.0 或 24；输入"Gateway"（网关）：192.168.1.1。最后单击右下方的"Save"（保存）按钮，保存配置信息。

5）查看网络连接状态。保存以太网 LAN 接口 IP 地址后，显示屏将出现连接成功提示和"网络连接状态"图标的变化，关闭"Network Connections"（网络连接）状态提示框，以太网 LAN 接口配置完成。

步骤二：激光雷达通信调试。

1）单击"打开激光雷达"按钮，进行通信调试。

①如激光雷达与计算平台通信正常，日志界面显示激光雷达的消息；"传感器通信状态"为绿色"正常"。

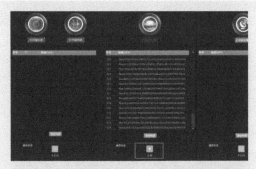

②如激光雷达与计算平台通信中断，则不会继续接收激光雷达的消息，日志停在某一行不再变动；"通信状态"为红色"故障"。

2）单击"关闭激光雷达"按钮，中断接收来自激光雷达的消息，日志不再增加；"通信状态"为蓝色"未启用"。

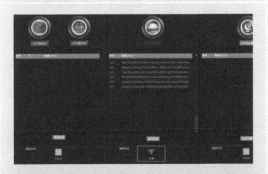

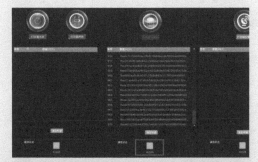

RS232 接口配置及通信调试

步骤一：RS232 串口配置。

1）单击计算平台测试软件右上角的"串口设置"按钮，打开相应窗口。

2）检查调整串口配置。端口，选择"ttyTHS0"；波特率，选择"115200"；数据位，选择"8"；校验位，选择 None；停止位，选择"1"；流控，选择 NoFlowControl，最后单击"保存"按钮。

步骤二：组合导航通信调试。

1）单击"打开组合导航"按钮，进行通信调试。

①如组合导航与计算平台通信正常，日志界面显示组合导航收到的原始消息；"传感器通信状态"为绿色"正常"。

②如组合导航与计算平台通信中断，则不会继续接收组合导航的消息，日志停在某一行不再变动；"传感器通信状态"为红色"故障"。

2）单击"关闭组合导航"按钮，中断接收来自组合导航的消息，消息日志不再增加；"通信状态"为蓝色"未启用"。

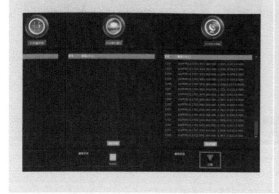

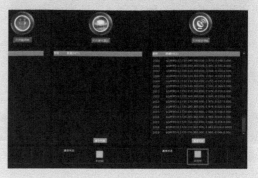

（3）任务评价

根据任务评估表的相关内容，对此任务进行评价。

任务小结

本任务主要介绍了计算平台外围接口的通信技术、网络通信原理、通信配置，以及毫米波雷达、超声波雷达、组合导航、激光雷达的通信接口配置，让读者了解计算平台与传感器之间的通信原理，掌握计算平台台架的通信调试。为了让读者对本任务内容有一个清晰的认知，具体思维导图如图4-31所示。

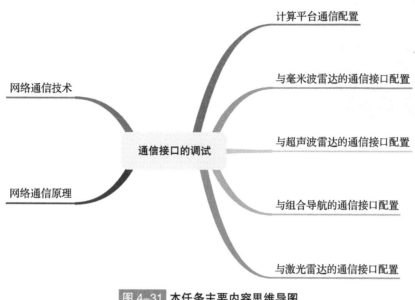

计算平台通信配置

与毫米波雷达的通信接口配置

与超声波雷达的通信接口配置

与组合导航的通信接口配置

与激光雷达的通信接口配置

网络通信技术

网络通信原理

通信接口的调试

图 4-31 本任务主要内容思维导图

课程思政案例

    1951 年，屠呦呦考入北京大学药学系，在兴趣的指引下她向医而行，不改初心。20 世纪 60 年代，疟疾横行、生命临危。背负着党和国家的重望，屠呦呦挂帅"523"小组，与死神的较量悄然拉开帷幕。遍阅古籍以求方，亲赴海南证药效。屠呦呦曾走访寻遍中医，也未放过来信的只言片语，身处黎明前的黑暗，屠呦呦回到古书的世界寻找答案，"重新埋下头去，看医书！"日复一日的坚持，不改其志的执拗，不厌其烦的钻研，多年如一的缜密……终于，青蒿的秘密被她发现："青蒿一握，水二升"。她曾以身试药致肝脏损伤，实验 191 次终获成功，开创性地从中草药中分离出青蒿素用于疟疾治疗。

    为了一个使命，实验上百次，她用实践解决了当时连发达国家都无计可施的难题。在学习计算平台调试的过程中，面对错综复杂的线路，不慌乱，用实践检验知识，提升自身提出问题、分析问题和解决问题的能力，培养国之重任的担当，锲而不舍的精神。

项目五　计算平台故障诊断

📋 项目目标

知识目标：

1）了解电路故障诊断常用的万用表和示波器。

2）熟悉计算平台的故障诊断流程。

3）了解计算平台各种故障的出现原因及排查方法。

技能目标：

1）能独立使用万用表测量元器件的电阻、电压和电流。

2）能独立使用示波器测量信号源信号波形。

3）能合作完成计算平台的故障诊断及排查。

素养目标：

1）培养学生爱国爱岗、敬业奉献、不怕吃苦的精神。

2）培养学生求知探索、坚持奋斗的精神。

3）培养学生团结合作的精神。

任务1 故障诊断常用工具介绍

⚙ 任务目标

- 了解并掌握使用万用表的基本方法和注意事项。
- 了解并掌握使用示波器的方法及注意事项。
- 能使用万用表测量元器件的电阻、电压和电流。
- 能使用示波器测量信号源信号波形。

📖 情景导入

刘技师是一家智能计算平台科技公司的运维人员。因客户购买的计算平台装配后出现故障，公司派刘技师去现场进行检修。如果你是刘技师，你会带着什么样的工具去现场？

应知应会

一、万用表的认知

万用表是一种以测量电压、电流和电阻为主要目的的测量仪表。它是一种多功能、多量程的测量仪表，一般可测量直流电流、直流电压、交流电流、交流电压、电阻和音频电平等参数。

如图 5-1 所示，万用表分为指针式万用表（图 5-1a）和数字式万用表（图 5-1b）。它们各有优缺点。

指针式万用表内部结构简单，所以成本较低，功能较少，维护简单，过电流过电压能力较强。数字式万用表内部采用了多种振荡、放大、分频保护等电路，所以功能较多，例如，可以测量温度、频率（在一个较低的范围）、电容、电感，作为信号发生器等。

指针式万用表是一种平均值式仪表，它具有直观、形象的读数指示。数字式万用表是瞬时取样式仪表。它每 0.3s 取一次样来显示测量结果，有时每次取样结果十分相近，但并不完全相同，因此读取结果不如指针式万用表方便。

数字式万用表的操作简单、功能广泛，目前已成为主流。下面以数字式万用表为例，介绍万用表的基础知识及使用方法。

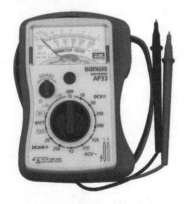

a）指针式万用表   b）数字式万用表

图 5-1 万用表

1. 数字式万用表的结构

数字式万用表由表头、测量电路及功能开关等部件组成，如图 5-2 所示。数字式万用表灵敏度高、精确度高、显示清晰、过载能力强、便于携带、使用也更方便简单。

（1）表头

数字式万用表的表头一般由一个 A/D（模拟 / 数字）转换芯片 + 外围元件 + 液晶显示器（LCD）组成，表头内部的芯片决定了万用表的精度。最常用的芯片有 ICL7106、ICL7107，它们都是 3 位半 LCD 手动量程经典芯片；ICL7129，是 4 位半 LCD 手动量程经典芯片。

（2）功能开关

万用表上分布有许多开关（图 5-2），其作用是用来选择各种不同的测量线路，以满足不同种类和不同量程的测量要求。

（3）测量电路

测量电路是把各种被测量单元，转换成适合表头测量的微小直流电流的电路，它由电阻、半导体元件及电池组成，能将各种不同的被测量（如电流、电压、电阻等）、不同的量程，经过一系列的处理（如整流、分流、分压等）统一变成一定量限的微小直流电流送入表头进行测量。

（4）表笔

表笔分为红、黑两支，如图 5-2 所示。使用时应将红色表笔插入红色插孔，黑色表笔插入黑色插孔。

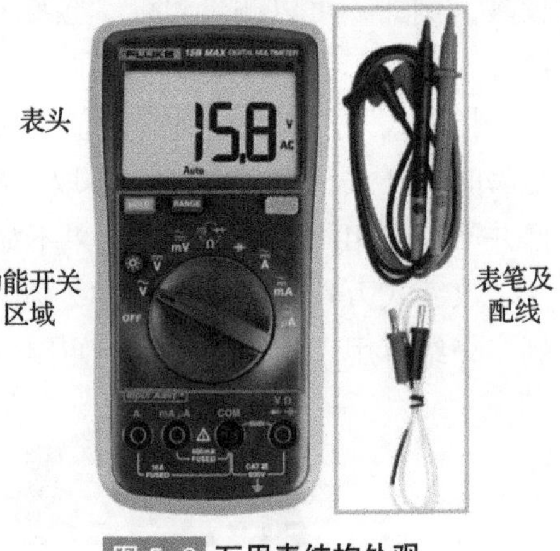

2. 万用表的工作原理

万用表测量电压、电流和电阻功能是通过转换电路部分实现的，而电流、电阻的测量都是基于电压的测量，也就是说数字式万用表是在数字式直流电压表的基础上扩展而成的。转换器将随时间连续变化的模拟电压量变换成数字量，由电子计数器对数字量进行计数得到测量结果，再由译码显示电路将测量结果显示出来。逻辑控制电路负责协调工作，在时钟的作用下按顺序完成整个测量过程。

图 5-2 万用表结构外观

3. 万用表的面板功能说明

在使用万用表之前，需要了解万用表面板上的各种标记和符号。万用表面板说明如图 5-3 所示。

（1）LCD 显示屏

如图 5-3 所示，显示屏显示万用表各种

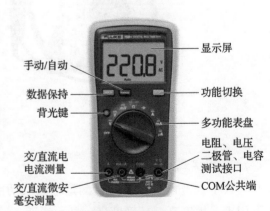

图 5-3 万用表面板说明

状态以及测量出来的值。

（2）HOLD 键

HOLD 键如图 5-3 所示，按下此键，保存当前读数，再次按下，恢复正常。

（3）RANGE 键

量程模式转换键，每按一次会递增一个量程，当达到最高量程时，电表会回到最低量程。按住 RANGE 键 2s，退出手动量程模式，万用表自动变换量程，如图 5-4 所示。

a）手动模式–小量程　　　　b）手动模式–大量程　　　　c）自动模式–自动量程

图 5-4 RANGE 键功能

（4）背光键

背光键如图 5-3 所示。按下背光键，打开背光灯；再次按下，关闭背光灯。

（5）多功能表盘

多功能表盘又称作档位选择开关，可根据需求以及测量值的大概范围，选择不同的档位进行测量，如图 5-3 所示。

1）如果将选择开关拨在 mA 档上，则万用表就构成一个直流电流表。

2）如果将选择开关拨在 V $\dotplus$ 档上，则万用表就构成一个直流电压表。

3）如果将选择开关拨在 V ～ 档上，则万用表就构成一个整流系交流电压表。

4）如果将选择开关拨在 Ω 档上，则万用表就构成一个欧姆表。

常用的万用表测试功能，见表 5-1。

表 5-1　万用表开关档位功能解析

标识	解释	标识	解释	标识	解释
A $\overline{\cdots}$	直流电流	V $\overline{\cdots}$	直流电压	Ω	电阻
A ～	交流电流	V ～	交流电压	▶⊢	二极管
⊣⊢	电容	⑴⑴	蜂鸣档		

（6）功能切换键

功能切换键也称作模式按键，用于同一档位不同测量模式的切换，如图 5-5 所示。

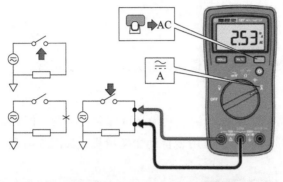
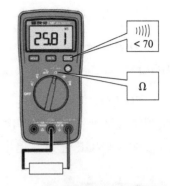

a）测量交流电流和直流电流   b）测量电阻/通断性

图 5-5 功能切换键用例

（7）输入端插孔

1）COM 孔（common）是公共插孔，如图 5-3 所示，用于连接测量电路的信号负端，万用表的黑表笔插在 COM 孔上。

2）VΩ ➤⊣⊢孔，如图 5-3 所示，包含电压、电阻、二极管、电容等测量功能的插孔，测量电压时红表笔插 VΩ ➤⊣⊢孔，黑表笔插 COM 孔。使用该孔时，万用表内部电路通过表笔并联在被测元件两端。

3）A/mA 两孔，属于电流专用插孔，对应不同的量程。如图 5-3 所示，A 孔为安培量程插孔；mA 孔为毫安量程插孔。为了保证测量精度，不同大小的电流测量需要区分量程。测量大电流时，需将红表笔插入 A 孔，使用大量程；测量小电流时，应将红表笔插入 mA 孔；如为未知电流要先用大电流量程测试，判定电流较小后，再用小电流孔。

4. 万用表的使用方法

为防止意外造成人身伤害以及对设备和仪表的损坏，使用万用表前要做好准备工作，并按照正确的测量步骤操作万用表。

（1）准备工作

1）根据要测量的参数（电压、电流、电阻等），初步判断万用表的量程范围，不要超范围测量。对于不同的参数，万用表具有不同的量程范围。

2）确保表笔干净无尘、无水，以避免危险和测量误差。如有需要，可以使用干净的布或者棉签进行擦拭。

3）测量前确保万用表电源处于关闭状态。

（2）选择量程，确定连接方式

1）电压测量。根据测量的参数，将档位选择开关置于交流电压（V~）或直流电压（V⎓）测量档；将红表笔插入 V 插孔，黑表笔插入 COM 插孔，并将表笔探针并联到待测电源或负载上。连线示意图如图 5-6 所示。

2）电流测量。将档位选择开关置于 A --- 电流测量档；按 LCD 输入端口提示，将红表笔插入 mA 或 A 插孔，黑表笔插入 COM 插孔，并将表笔探针串联到待测回路中。连线示意图如图 5-7 所示。

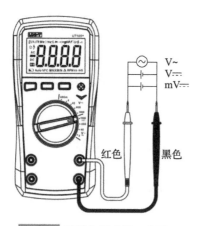

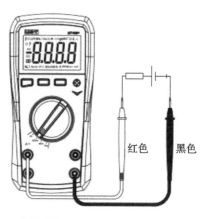

图 5-6　测量电压连线示意图　　　　图 5-7　测量电流连线示意图

3）电阻测量。将档位选择开关置于 Ω 测量档；按 LCD 输入端口提示，将红表笔插入 Ω 插孔，黑表笔插入 COM 插孔，并将表笔探针并联到被测电阻上。连线示意图如图 5-8 所示。

（3）实际测量，读取结果并记录

1）正确连接万用表：将万用表的红、黑表笔正确放到测量点，并压实，以防止虚接。

2）读数准确：表笔连接后，稍后片刻，确认数值稳定后再读数。

3）读取有效值：根据所选量程，读取万用表显示数值和单位。

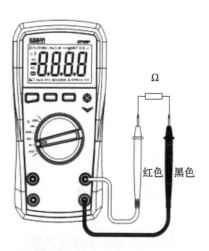

图 5-8　测量电阻连线示意图

4）记录测量结果：记录测量结果，要确保记录完整、准确，包括测量日期、时间、参数类型和测量结果等，以便日后查阅。

（4）结束测量

在完成测量之后，要断开连接，将红、黑表笔从待测设备或元件上取下。整理收纳万用表，以备下次使用。

5. 使用万用表的注意事项

1）在测量高电压时，要特别注意避免触电。

2）在仪表串并联到待测回路之前，应先将回路中的电源关闭。

3）测量时，应使用正确的输入端口和功能档位，如不能估计电流的大小，应从高档量程开始测量。

4）测量>10~15A电流时，为了确保安全使用，每次测量时间应<10s，间隔时间应>15min。

5）当表笔插在电流端子上时，切勿把表笔测试针并联到任何电路上，否则会烧断仪表内部熔丝和损坏仪表。

6）当测量在线电阻时，在测量前必须先将被测电路内所有电源关断，并将所有电容器放尽残余电荷，才能保证测量正确。

7）测量小电阻时，表笔会带来 0.1~0.2Ω 的测量误差。为获得精确读数，应首先将表笔短路，记住短路显示值，在测量结果中减去表笔短路显示值，才能确保测量精度。

8）测量 1MΩ 以上的电阻时，需要几秒后读数才会稳定，这属于正常现象。为了获得稳定读数，应尽量选用短的测试线。

9）在完成所有的测量操作后，要断开表笔与被测电路的连接。

二、示波器的认知

1.示波器的结构

示波器能把看不见的电信号变换成看得见的图像，便于人们研究各种电现象的变化过程。在被测信号的作用下，屏面上会显示出被测信号瞬时值的变化曲线，这样就可以利用示波器观察各种不同信号幅度随时间变化的波形曲线。通过观察示波器上显示的信号，可以确定电子系统的某个元器件是否在正常工作，还可以用它测试各种不同的电量，如电压、电流、频率、相位差、调幅度等。

多数示波器的面板大致可分为三个区域：通道输入口、显示屏、功能选择区。示波器的外观结构如图 5-9 所示。通道输入口把信号发送到示波器中；显示屏是显示这些信号的屏幕；功能选择区包含多种旋钮和按键，用于控制显示屏上信号的水平轴和垂直轴，还可以对示波器进行设置，确定在何种条件下时可以执行采集任务。

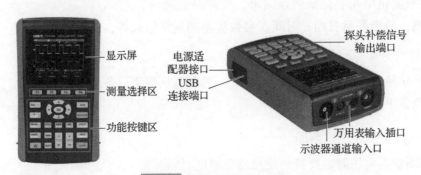

图 5-9 手持示波器外观结构

2. 示波器的工作原理

测量开始时，可通过中文界面选择测量类型（波形测量、元件测量）、测量参数（频率/周期、有效值、电阻阻值、二极管通断等）及测量范围（可选自动设置，由仪器自动设置最佳范围）；微处理器自动将测量设置解释到采样电路，并启动数据采集；采集完成后，由微处理器对采样数据按测量设置进行处理，提取所需要的测量参数，并将结果送显示部件。

如果需要，用户可选择自动测试方式：微处理器在分析首次采样得到的数据后会根据具体情况调整、修改测量设置，并重新采样。经过几次采样→分析→调整→重采样循环后，示波器即可完成即触即测功能，无需人工调整量程，便于手持操作。

3. 示波器的面板功能说明

手持数字存储示波器可以根据被测信号的特点自动确定和调整测试条件，真正实现自动、离手测试，能够较容易地实现对高速、瞬态信号的实时捕获。其面板和按键如图 5-10 所示。

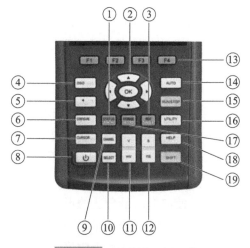

图 5-10　示波器的面板和按键

① MATH/STATUS 键。在示波器方式下，按此键后按 F1 键可切换 FFT 运算和 MATH（数学运算）菜单。如果先按 SHIFT 键，再按此键则打开 STATUS（状态栏）显示。

② 方向键及 OK 键。OK 键在一般情况下用于隐藏/显示当前菜单栏；在万用表（DMM）方式下，进行 A 档电流测量时，用于确认电流分流器是否正确连接。

③ SINGLE/REF 键：在示波器方式下，按此键设置 SINGLE（单次触发）功能；如果先按 SHIFT 键，再按此键则进入 REF（波形回调）菜单。

④ DSO/DMM 键。用来切换示波器（DSO）和万用表（DMM）工作方式。

⑤ ACQUIRE ☀（亮度）/[V]（电压测量）键。在示波器方式下，按此键进入 ACQUIRE（采样方式）菜单；如果先按 SHIFT 键，再按此键则进入亮度调整，通过调节左、右方向键来改变屏幕亮度。在万用表（DMM）方式下，按此键进入电压测量菜单。

⑥ DISPLAY/CONFIGURE/[I]（电流测量）键。在示波器方式下，按此键进入 DISPLAY（显示方式）菜单；如果先按 SHIFT 键，再按此键则进入 CONFIGURE（界面配制）菜单。在万用表（DMM）方式下，按此键进入电流测量菜单。

⑦ MEASURE/CURSOR/[R]（电阻测量）键。在示波器方式下，按此键进入

MEASURE（自动测量）菜单；如果先按 SHIFT 键，再按此键则进入 COURSOR（光标测量）菜单。在万用表（DMM）方式下，按此键进入电阻测量菜单，可测量电阻 / 二极管 / 电路通断 / 电容。

⑧ 电源按键，用来开关示波器。

⑨ CHANNEL 键。在示波器方式下，按此键进入 CHANNEL（通道）菜单，重复按此键可切换两个通道的通道菜单。

⑩ SELECT 键。在一般情况下可切换通道垂直位移和触发电平位移。当选择垂直位移时，屏幕上垂直参考光标为实心，此时调整上、下方向键即可移动波形在屏幕上的垂直位置。如果再按一次 SELECT 键，则触发电平位置的箭头光标为实心，此时调整上、下方向键可改变触发点的位置。在 MEASURE 菜单下，此键用于确认已选择的定制参数；在光标测量下可切换光标 1 与光标 2。

⑪ 垂直刻度。用以改变垂直刻度档级，刻度范围 5mV/div~20V/div，按 1-2-5 进制。当按 V 键时，垂直刻度相对当前再加大一档，反之则减小。

⑫ 时基。用以改变扫描速率，带宽为 25MHz 机型扫描范围为 50s/div~10ns/div；带宽为 50MHz 机型扫描范围为 50s/div~5ns/div，按 1-2-5 进制。当按 s 键时，扫描速率相对当前再减慢一档，反之则加快。

⑬ F1~F4 键。菜单选项设置按键。

⑭ AUTO 键。在示波器方式下，按此键对波形进行自动设置；如果先按 SHIFT 键，再按此键则打开全自动设置功能。在此功能下，示波器会根据输入信号的变化自动调节仪器档位，使波形以最合适的形式显示，无需人工干预。

⑮ RUN/STOP 键。在示波器方式下，按此键开始或停止数据采集；在万用表（DMM）方式下，按此键锁定屏幕测量读数。

⑯ UTILITY/TRIGGER 键。在示波器方式下，按此键进入 TRIGGER（触发设置）菜单；如果先按 SHIFT 键，再按此键则进入 UTILITY（辅助功能）菜单。

⑰ RECORD/STORAGE 键。在示波器方式下，按此键进入 RECORD（波形录制）菜单；如果先按 SHIFT 键，再按此键则进入 STORAGE（存储）菜单。

⑱ HORIZONTAL/HELP 键。在示波器方式下，按此键进入 HORIZONTAL（水平设置）菜单；如果先按 SHIFT 键，再按此键则打开 HELP（帮助）信息。

⑲ SHIFT 键。配合其他功能键进行功能选择。

4. 示波器常用术语

（1）波形和脉冲

1）波形。具有时空周期性的事物可以称之为波，波动是时间和空间的双重周期运动，例如，声波、水波、脑电波、电磁波等，而示波器测量的是电压的波动。一个波的周期，就是波数次重复的其中一次所花费的时间。波形就是波的图像表达模型。电压波形展示的是电压（Y轴）随时间（X轴）的变化。波形如图 5-11 所示。

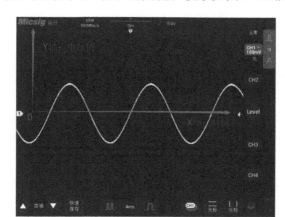

图 5-11 波形

从波形中可以得到输入信号的大量信息，波形高度的改变，可以得知电压的改变。

如果波形的其中一段出现一条直线，说明在该段时间内，电压没有变化；一条笔直的斜线，表明电压上升或下降的速率稳定（电压加速度为 0）。而波形上的锐角意味着电压的突变。图 5-12 所示是一些常见的波形源。

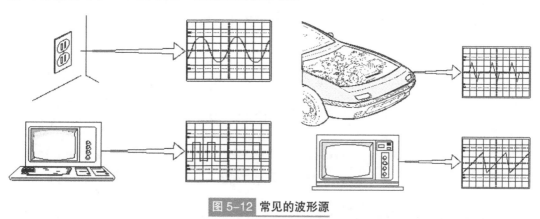

图 5-12 常见的波形源

2）脉冲。脉冲也是一种波形，它被广泛应用于计算机通信。如图 5-13 所示，电压的瞬间变化会在波形中形成沿，电压由低到高会形成上升沿，如打开电源开关的时候；由高到低会形成下降沿，如关闭电源开关的时候。而整个打开关闭动作，就会形成

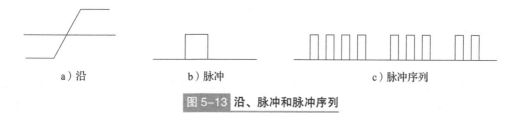

a）沿   b）脉冲   c）脉冲序列

图 5-13 沿、脉冲和脉冲序列

一个脉冲，一整排连续的脉冲称为脉冲序列。计算机中的数字组件就是使用脉冲相互通信的。

（2）电压波形特征术语

1）频率和周期。如果一个信号是重复的，则它具有频率。频率以赫兹（Hz）为单位，等于信号在 1s 内重复自身的次数。具有重复性的信号也就有了周期，它指代信号在多次重复的过程中其中一次所花费的时间。因此，周期和频率互为倒数。

图 5-14 所示是一个正弦波。此正弦波 1s 重复 3 次，它的频率是 3Hz，周期是 1/3s。

2）电压。电压是指电路中两点之间的电位或信号强度。一般来说，其中一个点是接地点（0V），但也并非一直如此。测量波形从最大峰值到最小峰值的电压，称为峰峰值电压。幅值通常指从接地点测得的信号的最大电压。如图 5-15 所示的波形幅值为 1V，峰峰值电压为 2V。

3）相位。一个圆有 360°，正弦波的电压呈循环运动，所以一个正弦波的周期也可以有 360°，如图 5-15 所示。若想描述一个波形的周期位移时，可以使用度（°）来描述正弦波的相角。相位描述了两个类似信号之间的定时差。如图 5-16 所示，电压波形相对于电流波形的相位是 90°，因为这两个波形在一个周期中到达同一个点的距离是一个周期的 1/4（360°/4=90°）。相位在电子器件中十分常见。

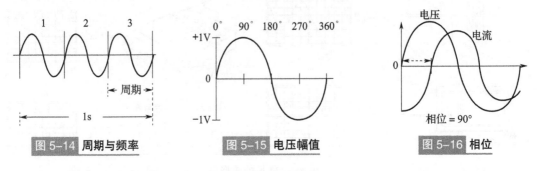

图 5-14 周期与频率   图 5-15 电压幅值   图 5-16 相位

（3）示波器的垂直档位

垂直档位指代示波器纵坐标上每一格的电压值，也表示垂直放大器可以放大微弱信号的程度。通常用 mV/div 或 V/div 标识。一般示波器的最小垂直档位为 1mV 每格，如图 5-17 所示。信号必须以合适的幅度（即垂直方向的大小）显示在屏幕上。垂直档位过小，信号波形会超出屏幕，不能完整显示；垂直档位过大，不仅看不清楚信号的细节，看起来也不舒服。

（4）示波器时基

时基指代示波器横坐标上每一格的时间。信号必须以合适的时基（即水平方向上的时间长度）显示在屏幕上。如果时基档位过小，信号波形被拉伸得太开，看不到完整的周期；时基档位过大，信号波形被压缩在一起，看不到细节，（图 5-17）。

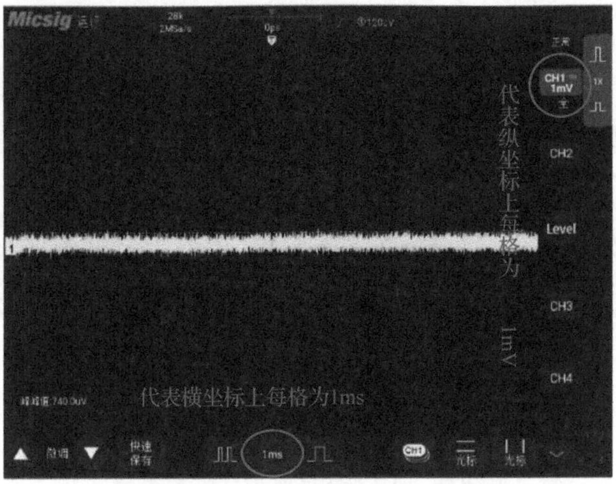

图 5-17 示波器上的垂直档位和时基

（5）触发

示波器的触发功能在正确的信号点同步扫描，可以稳定重复的波形或捕获单次波形。通过重复显示输入信号的同一部分，使重复的波形能够稳定地显示在示波器的屏幕上。

示波器没有触发的时候，会随机抓取信号（自动模式）并生成图像，由于信号是连续不断的，随机抓取的位置并无规律，这些静态的图像逐个显示，就像放电影一样，组合在一起就形成了动态的显示，最终在屏幕上的效果就是看到波形来回滚动，如图5-18 所示。

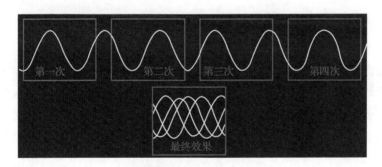

图 5-18 没有触发时波形

设定一个条件，用一个直流电平作为参考，将信号电压大于直流电平的一瞬间作为抓取信号的起始点。如图 5-19 所示，红色细线是参考的直流电平，由于每次抓取图像的位置是有规律的，都是在信号过直流电平的瞬间抓取的，所以每次抓取的信号相位一样，连续显示的时候完全重叠，看上去就是一条稳定的波形。

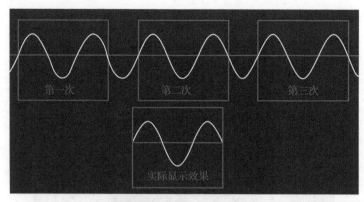

图 5-19 有触发时波形显示

（6）衰减档位设置

在示波器探头上，有 X1 档和 X10 档选择的小开关，用于输入信号衰减设置；同时在示波器上，也设有探针信号 1X 档和 10X 档选择的菜单，用于输入信号增幅设置，如图 5-20 所示。

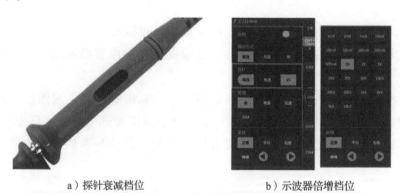

a）探针衰减档位　　　　b）示波器倍增档位

图 5-20 示波器探头衰减档位

衰减档位设置通常用于测量电压或电流过大的情况，防止示波器因输入过大的电压或电流造成损坏。其原理是，如果被测电压是 10V，探头的衰减档位为 X10，那么经过探头到达示波器的电压就是 1V。如果在示波器通道里设置探头增幅倍率为 10X，那么示波器显示的测量值是 10V；如果示波器的探头增幅倍率是 1X，示波器显示测量值就是 1V。所以只有当探头上的衰减倍率和示波器通道菜单里的探头增幅倍率相符的情况下，才会显示正确的测量结果。

（7）输入耦合

耦合是指把电信号从一条电路接到另一条电路使用的方法。在这种情况下，输入耦合方式是指外部信号从示波器输入端口进入到内部电路的耦合方式。有以下三种方式。

1）直流（DC）耦合。显示原始输入信号的所有分量。

2）交流（AC）耦合。滤除输入信号中的直流分量，只显示交流分量，如测试电源纹波（可以看到以 0V 为中心的波形）。

3）接地（GND）耦合。示波器自身断开外部信号，将内部信号输入端接地（可以看到 0V 位于屏幕上的某个位置）。

如图 5-21 所示，将通道 1、2、3 接上同一个叠加直流分量的交流信号，其中通道 1 选择直流（DC）耦合，通道 2 选择交流（AC）耦合，通道 3 选择接地（GND）耦合。

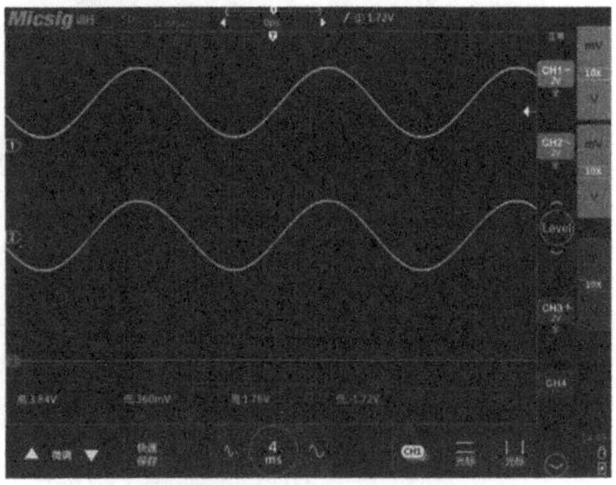

图 5-21 输入耦合方式

5. 示波器的使用方法

（1）开启示波器

示波器有两种供电方式，分别为本机电池供电与电源适配器供电，电源适配器的供电电压为直流 9V/1.5A。为保证仪器正常工作，必须使用产品配置的电源适配器。

按下电源按键，SHIFT 灯亮约 3s，看到示波器出现开机 LOGO 界面，即示波器开启。可通过 DSO/DMM 键，选择示波器（DSO）工作方式。

（2）连接信号源、选择输入通道

将示波器探头连接到示波器的输入端口，并将探头上的衰减档位设为 X10，探头另一头接入想要测量的信号源，并选择输入通道 CH1 或 CH2。

（3）调整示波器设置

1）手动设置。根据实际情况，调整示波器的垂直档位和时基，以便显示出最佳波形，如图 5-22 所示。

2）自动设置。目前市面上大多数示波器都有强大的自动设置功能，对含有任何直流分量的信号都能快速、准确地自动设置调整垂直偏转系数、扫描时基以及触发方式，直至最合适的波形显示，无需人工干预。

应用自动设置时要求被测信号的频率≥20Hz，占空比＞1%。

要使用全自动设置功能，应执行下列步骤。

①按 SHIFT 键，此时在屏幕的右上角显示 shift 字符。

②按 AUTO 键可选择启动全自动设置功能，此时在屏幕上方出现 AUTO 字符，表示全自动设置功能已启动。

（4）观察并记录波形

在选择输入通道并调整好示波器设置后，可以开始观察并记录波形，如图 5-23 所示。在观察过程中，可以记录和保存重要的波形数据。

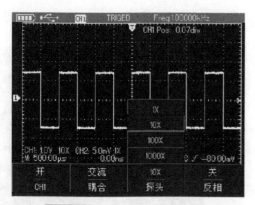

图 5-22 示波器显示界面说明图

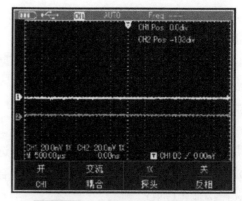

图 5-23 示波器自动模式页面显示

（5）关闭示波器

在完成观察和记录之后，关闭示波器。首先按下电源开关，然后等待示波器屏幕关闭。此时可以断开与信号源的连接，整理好线缆，以备下次使用。

6. 使用示波器的注意事项

1）检查通道衰减系数是否与所使用的探头衰减倍率相符。

2）采集信号时，确保探头正常连接在信号连接线上。信号连接线正常接在 BNC（即通道连接器）上，探头与待测物正常连接，待测物有信号产生；否则，可能出现采集信号后，界面并未显示信号的波形。

3）如有波形显示，但不能稳定下来，可检查触发菜单中的触发源设置，是否与实际信号所输入的通道一致，或者检查触发类型。一般的信号应使用"边沿触发"方式，视频信号应使用"视频触发"方式。只有设置正确的触发方式，波形才能稳定显示。

技能实训

三、实训项目

实训设备介绍

本任务以智能网联教学车 + 计算平台装配调试台架为载体，开展对智能网联汽车故障诊断常用工具的实训，如图 4-30 所示。专业的教具 + 专门的教材，让学生理论和实操的学习更轻松，更深入。

1. 万用表的使用实训

（1）任务准备

1）操作准备：计算平台装配调试台架 + 智能网联教学车。

2）工具 / 材料：万用表、跨接线、探针。

万用表的使用

3）人员分工：组长 1 名，记录人员 1 名，检验人员 1 名，操作人员若干。以上角色可通过选举、抓阄及教师指定等来担任，通过多个任务的训练，争取让每个学生轮流担任每个角色，以提升学生自身综合能力。

4）实训场地：智能网联汽车实训室。

（2）任务实施

实训前，首先确保实训设备零部件充足，工具齐备，能够正常使用。

任务要求：

认识万用表的构造，掌握万用表的使用方法和注意事项。

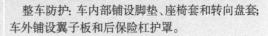

实训前防护

| 个人防护：实训人员穿好工装，戴好手套。 | 整车防护：车内部铺设脚垫、座椅套和转向盘套；车外铺设翼子板和后保险杠护罩。 |

实训一：认识万用表

1）展示万用表工具，让学生说一说万用表的外观构造。

万用表由表头、功能开关、插孔、表笔组成。

2）说一说万用表面板上功能按键的作用。

① LCD 显示屏，显示万用表各种状态以及测量出来的值。

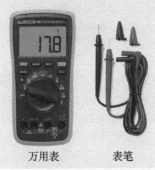

万用表　　　　　表笔

②中间是功能开关，可以打开 / 关闭万用表，并根据需求，变换测量内容及测量单位。

③ RANGE 键，量程模式转换键，用于转换手动模式和自动模式，并可转换量程。

④ HOLD 键，数据保持键，用于锁定 / 解锁显示屏显示数据。

⑤功能切换键，用于同一档位不同测量模式的切换。

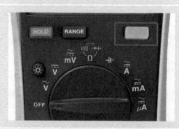

3）最下方是四个输入端插孔，分别为 COM 孔、VΩ 孔、A 孔、mA 孔。说一说各插孔的作用。

实训二：万用表的使用

步骤一：万用表零点校准（注意：万用表每次使用前，都需要进行零点校准）。

1）首先检测万用表是否完好，有无损坏。

2）将红表笔接到 VΩ 接口，黑表笔连接到 COM 接口。

3）万用表置于电阻档，确认万用表正常显示。

4）万用表的红、黑表笔探针搭到一起，等候数据稳定，确定电阻<1Ω。如数据≥1Ω，则检查表笔连接，或更换表笔，重新测试。

步骤二：万用表测量电压。

1）测试设备准备。检查确认计算平台装配调试台架与智能网联教学车正确连接。

2）给测试设备供电。踩下制动踏板、点火开关调到 ON 档，起动车辆；自动驾驶系统电源开关调到 ON 档。

3）调节万用表的档位。将万用表的档位选择开关调到直流电压档：V⎓。

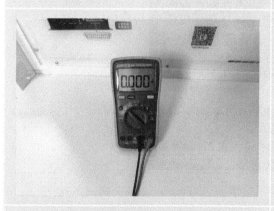

4）使用万用表测量计算平台的电源电压。台架上，红表笔连接计算平台的电源端子 T3/1，黑表笔连接搭铁端子 T3/2，正常电压应在 9~16V 之间。

5）使用万用表测量计算平台感知 CAN-L 线的电压。红表笔连接计算平台 T25/4 端子，黑表笔连接搭铁点，正常电压应在 1.5~2.5V 之间。

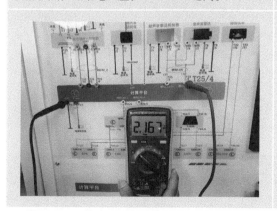

6）使用万用表测量计算平台线控 CAN-H 总线电压。红表笔连接计算平台的 T25/3 端子，黑表笔连接搭铁点，正常电压应在 2.5~3.5V 之间。

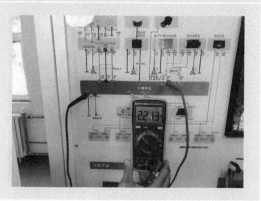

7）使用万用表测量计算平台供电电源熔断器 FL5 位置的电压。

①打开自动驾驶系统供电熔丝盒的盒盖。

②测量熔断器 FL5 的输入电压。万用表的红表笔连接熔断器 FL5 的 1# 端子（输入端），黑表笔连接车身搭铁，正常电压应在 9~16V。

③测量熔断器 FL5 的输出电压。万用表的红表笔连接熔断器 FL5 的 2# 端子（输出端），黑表笔连接车身搭铁，正常电压应在 9~16V。

步骤三：使用万用表测量电阻。

1）测试设备准备。

①检查确认自动驾驶电源开关处于 OFF 档，检查确认点火开关调到 OFF 档。

②断开低压蓄电池的负极电缆，等候 5min。

2）将档位选择开关置于 Ω 档位置。红表笔插入 VΩ 插孔，黑表笔插入 COM 插孔。

3）使用万用表测量计算平台搭铁线路。红、黑表笔分别连接计算平台搭铁点 T3/2 针脚及任一搭铁点，读数应<1Ω。

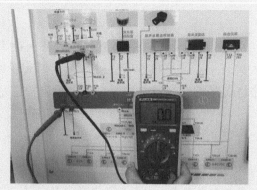

4）使用万用表测量 FL5 熔断器的阻值。从 FL5 熔断器座上，拔下 FL5 熔断器。万用表的红、黑表笔分别连接熔断器的两端，读数应<1Ω。

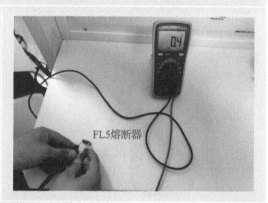

5）使用万用表测量计算平台电源线路的阻值。断开计算平台的电源接口。万用表的红、黑表笔分别连接 FL5 熔断器 2# 端子（输出端）和计算平台电源插接器的 T3/1 端子，正常电阻应<1Ω。

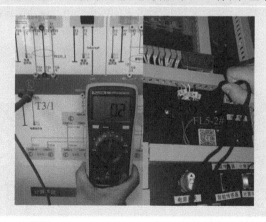

（3）任务评价

根据任务评价表，评价实训效果。

2. 示波器的使用实训

（1）任务准备

示波器的使用

1）操作准备：计算平台装配调试台架 + 智能网联教学车。

2）工具 / 材料：示波器、跨接线、探针。

3）人员分工：组长 1 名，记录人员 1 名，检验人员 1 名，操作人员若干。以上角色可通过选举、抓阄及教师指定等来担任，通过多个任务的训练，争取让每个学生轮流担任每个角色，以提升学生自身综合能力。

4）实训场地：智能网联汽车实训室。

（2）任务实施

任务要求：

认识示波器的构造，掌握示波器的使用方法和注意事项。

实训前防护

个人防护：实训人员穿好工装，戴好手套。	整车防护：车内部铺设脚垫、座椅套和转向盘套；车外铺设翼子板和前格栅护罩。
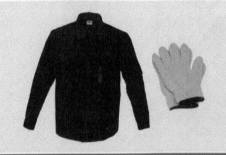	

实训一：认识示波器

1）展示示波器，让学生说一说示波器的构造。示波器由示波器本体及探针组成。示波器的面板可分为通道端口、显示屏、测量选择区、功能按键区。	2）说一说示波器面板中功能按键的作用，如电源按键（POWER）、F1~F4 键、CHANNEL 键、AUTO 键、RUN/STOP 键、s/ns 键、V/mV 键。
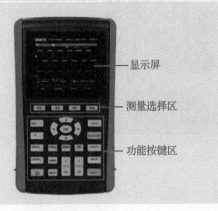　显示屏 测量选择区 功能按键区	

实训二：示波器的使用

使用示波器测量计算平台感知 CAN 电压信号。

1）辅助测试设备准备。检查确认计算平台装配调试台架与智能网联教学车正确连接。

2）启动辅助测试设备。踩下制动踏板，点火开关调到 ON 档，起动车辆；自动驾驶系统电源开关调到 ON 档。

3）示波器准备。安装两个探针到示波器的两个通道。

4）设置示波器参数。
①按 POWER 键，启动示波器。

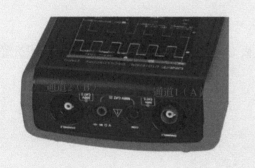

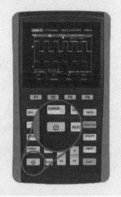

②根据高速 CAN 参数设置示波器参数。

a）垂直档位设置。按 V~mV 的上下按键，调节垂直参数设置，调为 1V/ 格。

b）时基设置。按 s~ns 的上下按键，调整示波器水平时基参数设置，调为 20μs。

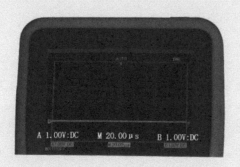

5）CAN 波形测试。将示波器两个探头的接地夹连到搭铁点，两个探针分别连接感知 CAN 的 T25-3（CAN-H）端子和 T25-4（CAN-L）端子。

6）观察显示屏波形，分析波形的特点，测量信号波形的峰值、周期、频率等；待波形稳定，记录波形数据。

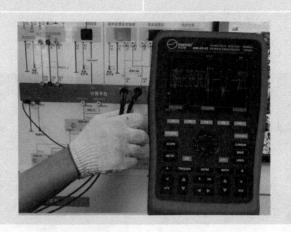

（3）任务评价

根据实训评估表，评估实训结果。

任务小结

本任务主要是对万用表和示波器的相关概念、使用方法、注意事项等进行了介绍，使学生能够更好地掌握两种工具的使用方法，具体如图 5-24 所示。

万用表的使用方法及注意事项   使用万用表测量电压和电阻

故障诊断常用工具介绍

示波器的使用方法及注意事项   使用示波器检测波形

图 5-24 本任务主要内容思维导图

课程思政案例

西汉时期，赵充国奉汉宣帝之命去平定西北地区叛乱，见叛军军心不齐，就想采取招抚的办法，让叛军投诚。可是皇帝让他出兵平叛。

他很焦虑，听皇帝的不会受到责罚，但平叛会失败；坚持己见，有可能皇帝震怒，掉脑袋。后来他想起了叛乱的两个缘由。首先，皇帝不听劝告，派了不懂军事的义渠安国带兵驻守西北，结果被匈奴人杀得大败；后来，皇帝决策不当，导致西北驻军缺粮，才引起了此次的叛乱。他感慨地说：真是失之毫厘，谬以千里。开始决策的时候，发生微小的错误，结果却会造成很大的损失。

在学习和实践万用表和示波器使用方法时，我们也应该细心准确，若量程范围选择错误，可能会造成重大损失，决不能粗心大意。

任务 2　故障诊断案例分析

任务目标

- 能够识读计算平台的接口电路。
- 熟悉计算平台插接器针脚的功能，掌握插接器及接口布线方法。
- 能够独立完成计算平台电路故障诊断。

情景导入

刘某是一家智能网联汽车科技公司技术人员，公司安排她陪同客户参观刚刚搭载计算平台的智能小车，参观过程中客户想了解该计算平台的故障诊断案例。如果你是刘某，你会怎样介绍？

应知应会

一、计算平台电路分析

计算平台是智能网联汽车的决策系统，它需要通过通信接口与感知系统和执行系统连接，获取环境信号并输出控制信号，实现智能网联汽车的自动驾驶功能。下面通过智能网联教学车计算平台的控制电路，来介绍计算平台的工作过程。

如图 5-25 所示，计算平台通过 RS232_2 接口与组合导航通信；通过以太网接口与计算平台通信；通过 USB 接口与视觉传感器通信；通过感知 CAN 接口与超声波雷达和毫米波雷达通信；通过线控 CAN 接口与线控系统的 VCU 相连及 T-Box 相连。

智能网联教学车的计算平台通过各网络接口接收感知系统各传感器的信号，例如：导航信号、激光雷达点云信号、视觉信号、毫米波雷达及超声波雷达的探测信号。接收到这些环境信号后，计算平台根据车辆当前状态，计算出车辆接下来的运行状态及轨迹，并将信号发送给线控底盘系统的 VCU，通过 VCU 控制底盘线控系统各部件的运行，实现车辆的自动驾驶功能。

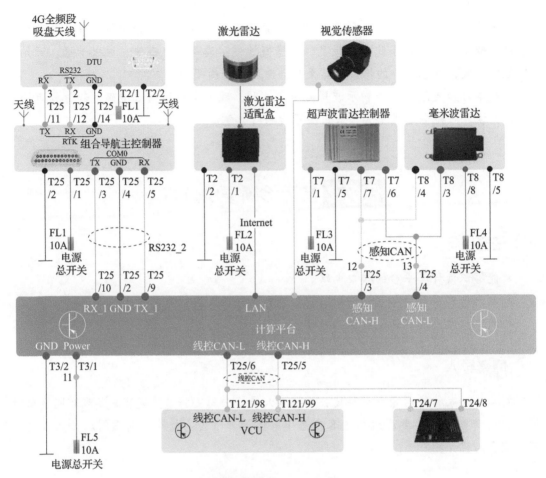

图 5-25 计算平台电路图

二、计算平台插接器针脚介绍

计算平台常用的插接器是如何实现接口信号传输的呢？下面以智能网联教学车的 RTSS-X509 V2.0 型计算平台为例，介绍计算平台外接硬件接口的插接器。

计算平台的外接硬件接口包括 USB Type-A 接口、以太网 RJ-45 接口、多功能 DB25 插接器和电源 SF1213 插接器，如图 5-26 所示。它们的针脚定义见表 5-2。

表 5-2　计算平台接口针脚定义

接口名称	针脚序号	接口说明	针脚序号	接口说明
SF1213 插接器	1	+12V	3	NC
	2	GND		
Type-A 接口	1	VCC（5V）	3	DATA-（数据 -）
	2	DATA+（数据 +）	4	GND

（续）

接口名称	针脚序号	接口说明	针脚序号	接口说明
RJ-45 接口	1	TX+（发送＋）	5	Reserved（保留）
	2	TX-（发送－）	6	Reserved（保留）
	3	RX+（接收＋）	7	RX-（接收－）
	4	Reserved（保留）	8	Reserved（保留）
多功能 DB25 插接器	1	3.3V	14	3.3V
	2	GND	15	GND
	3	CAN1_H	16	SPI_SCK
	4	CAN1_L	17	SPI_MISO
	5	CAN0_H	18	SPI_MOSI
	6	CAN0_L	19	SPI_CS0
	7	RS232_3_TXD	20	GEN1_I2C_SCL
	8	RS232_3_RXD	21	GEN1_I2C_SDA
	9	RS232_2_TXD	22	GEN2_I2C_SCL
	10	RS232_2_RXD	23	GEN2_I2C_SDA
	11	UART2_RTS	24	UART3_RTS
	12	UART1_TXD_DBG	25	BUTTON_PWR_ON
	13	UART1_RXD_DBG		

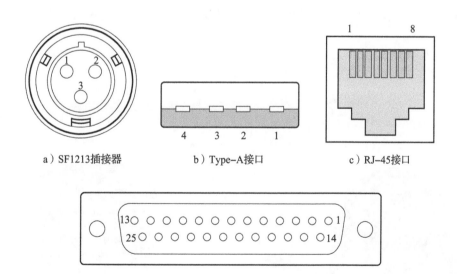

a）SF1213插接器　　　　b）Type-A接口　　　　c）RJ-45接口

d）多功能DB25插接器

图 5-26 计算平台各接口针脚示意图

技能实训

三、实训项目

实训设备介绍

本任务以智能网联教学车＋计算平台装配调试台架为载体，开展对智能网联汽车计算平台常见电气故障诊断的实训，如图4-30所示。专业的教具＋专门的教材，让学生理论和实操的学习更轻松，更深入。

1. 计算平台电源故障诊断

（1）任务准备

1）操作设备：智能网联教学车＋计算平台装配调试台架。

2）工具/材料：万用表、跨接线、探针。

3）人员分工：组长1名，记录人员1名，检验人员1名，操作

计算平台电源
故障诊断

人员若干。以上角色可通过选举、抓阄及教师指定等来担任，通过多个任务的训练，争取让每个学生轮流担任每个角色，以提升学生自身综合能力。

4）实训场地：智能网联汽车实训室。

（2）任务实施

实训前，首先确保实训设备零部件充足，工具齐备，能够正常使用。

任务要求：
完成计算平台不工作故障的诊断工作，检查故障原因，并完成故障修复。

步骤一：实训前防护。

个人防护：实训人员穿好工装，戴好手套。	整车防护：车内部铺设脚垫、座椅套和转向盘套；车外铺设翼子板和前格栅护罩。

步骤二：故障再现。

1）起动智能网联教学车。踩下制动踏板，点火开关调到 ON 档，确定车辆进入 REDAY 状态。

2）启动自动驾驶系统。自动驾驶开关调到 ON 档，观察计算平台显示屏，发现显示屏无信号输入。

步骤三：初步检查。

1）检查显示器的 HDMI 接口连接，确定连接正常。

2）检查计算平台的电源接口和 HDMI 接口，确认连接正常。

3）检查计算平台电源指示灯，发现电源指示灯不亮，确定计算平台不能启动。

4）根据电路图分析，计算平台不能启动的可能原因有：① 计算平台电源故障；② 计算平台搭铁故障；③ 计算平台本体故障。

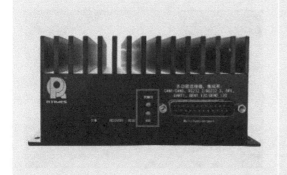

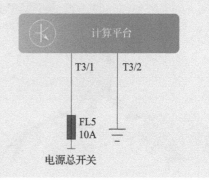

步骤四：故障检测。

1）连接智能网联教学车和计算平台装配调试台架。

①关闭自动驾驶系统的电源开关。

②断开计算平台装配调试台架上计算平台的所有插接器。

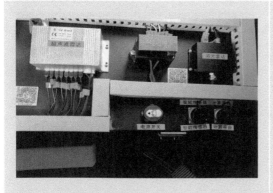

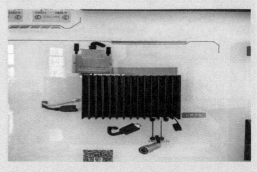

③连接车辆的航空插头和以太网接口，然后连接台架上的航空插头、以太网接口以及电源线。

2）分析电路，首先需要测量计算平台的电源电压是否正常。

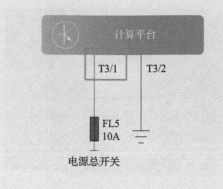

①万用表校表。万用表电阻档，红、黑表笔短接，确定电阻<1Ω。如有异常，可调试或更换万用表。

②将自动驾驶系统电源开关调到 ON 档。

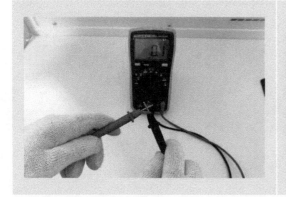

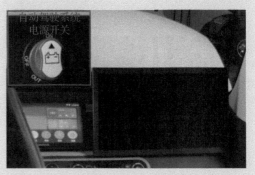

③万用表电压档。黑表笔连接任一搭铁点，红表笔连接计算平台 T3-1 端子，正常电压应在 9~16V 之间，实际测量值为 0V，确定计算平台电源故障。

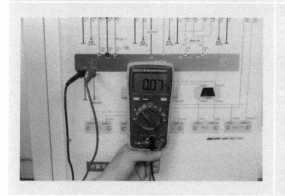

①关闭自动驾驶系统的电源开关。

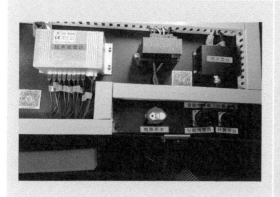

4）接下来，检查熔丝的供电端是否正常。
①打开自动驾驶系统电源开关。

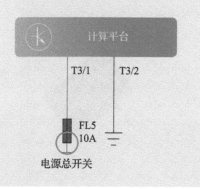

3）根据测量结果，接下来需要测量 FL5 熔断器供电是否正常。

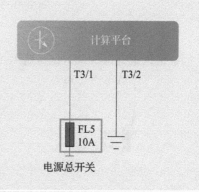

②在行李舱的自动驾驶系统熔丝盒内，找到 FL5 熔断器，进行检查，发现烧蚀。

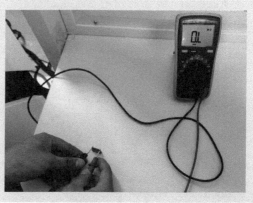

②万用表电压档。黑表笔连接搭铁点；红表笔连接 FL5-1 针脚，正常值在 9~16V 之间，实际测量值为 13.8V，正常。

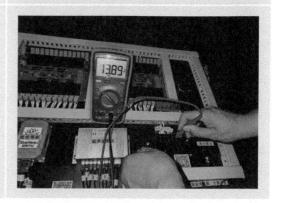

5）因熔丝烧蚀，需测量从 FL5 熔断器到计算平台的线路是否存在短路或断路故障。

①关闭自动驾驶系统的电源开关，断开计算平台电源插接器。

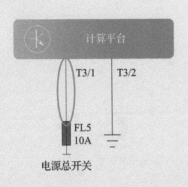

②万用表电阻档。红、黑表笔分别连接 FL5-2 端子和搭铁点，正常值应为 ≥10kΩ，实际测量值无穷大，确定线路不存在短路故障。

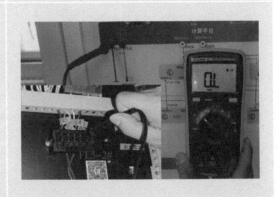

③万用表电阻档。红、黑表笔分别连接 FL5-2 端子和计算平台 T3-1 端子，正常值应 <1Ω，实际测量值 0.2Ω，确定线路不存在断路故障。

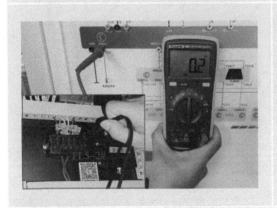

6）综合以上测量结果，计算平台不工作的原因确定为供电熔断器 FL5 断路故障。

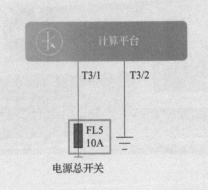

步骤五：故障维修。

更换损坏的 FL5 熔断器。

步骤六：维修后检查。

1）起动智能网联教学车。	2）启动自动驾驶系统。

3）观察计算平台的显示器，确定能够接收到信号，显示计算平台桌面。

（3）任务评价

根据操作评估表，对实训任务进行评价。

计算平台 CAN
通信故障诊断

2. 计算平台 CAN 通信故障诊断

（1）任务准备

1）操作设备：智能网联教学车＋计算平台装配调试台架。

2）工具/材料：万用表、跨接线、示波器、探针、角反射器。

3）人员分工：组长 1 名，记录人员 1 名，检验人员 1 名，操作人员若干。以上角色可通过选举、抓阄及教师指定等来担任，通过多个任务的训练，争取让每个学生轮流担任每个角色，以提升学生自身综合能力。

4）实训场地：智能网联汽车实训室。

（2）任务实施

实训前，首先确保实训设备零部件充足，工具齐备，能够正常使用。

任务要求:

完成计算平台 CAN 通信故障的诊断工作,检查故障原因,并完成故障修复。

步骤一:实训前防护。

个人防护:实训人员穿好工装,戴好手套。	整车防护:车内部铺设脚垫、座椅套和转向盘套;车外铺设翼子板和前格栅护罩。

步骤二:故障再现。

1)起动智能网联教学车。踩下制动踏板,点火开关调到 ON 档,确定车辆进入 REDAY 状态。

2)启动自动驾驶系统。自动驾驶开关调到 ON 档,确认计算平台正常启动。

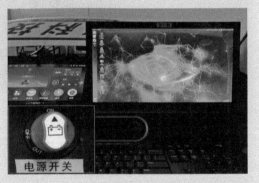

3)打开自动驾驶软件。

①计算机桌面上,单击鼠标右键,打开右键快捷菜单,选择 Open Terminal,打开终端窗口。

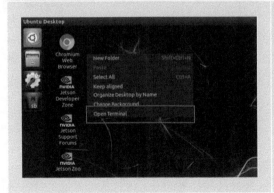

②命令行输入"cd SmartCar_v2.0/"，按<Enter>键确认，进入自动驾驶软件文件路径。

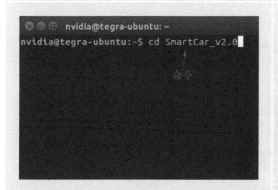

③继续输入命令"./SmartCar"，打开自动驾驶软件。

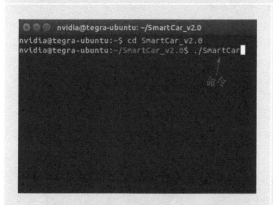
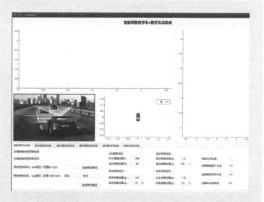

4）分别测试使用CAN网络通信的毫米波雷达和超声波雷达。

①毫米波雷达测试。单击"毫米波雷达实训内容"，然后单击"使用角反进行测试"，发现毫米波雷达不工作。

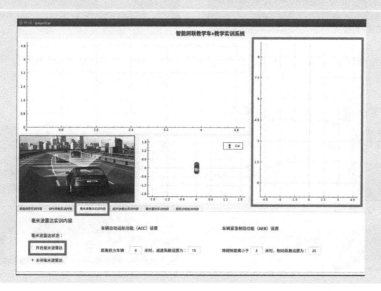

②超声波雷达测试。单击"超声波雷达实训内容",然后单击"使用角反进行测试",发现超声波雷达不工作。

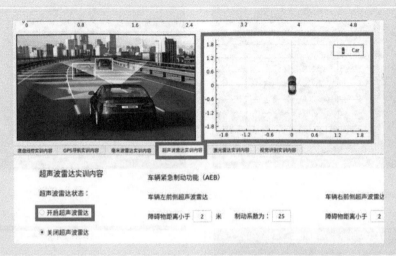

步骤三:初步检查。

1)连接智能网联教学车和计算平台装配调试台架。 ①关闭自动驾驶系统电源开关。	②断开智能网联教学车计算平台的电源接口、多功能插接器、以太网接口。
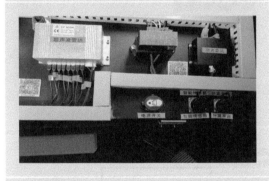	
③分别连接车辆和台架的航空插头、以太网接口,并连接台架的电源线。	2)给自动驾驶系统及台架供电。 ①打开自动驾驶系统的电源开关。

②打开台架电源开关，启动计算平台装配调试台架。

3）打开台架上的计算平台测试软件。

①用快捷键〈Ctrl+Alt+T〉方式打开终端窗口。

②在终端输入命令"cd SensorMonitor/"，按〈Enter〉键确认，进入测试软件文件路径。

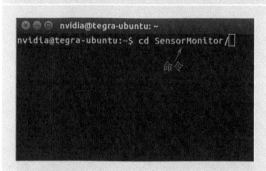

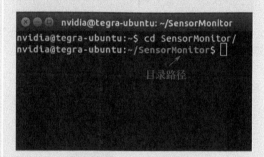

③继续输入命令"./SensorMonitor"，按〈Enter〉键确认，打开计算平台测试软件。

4）进行毫米波雷达和超声波雷达的通信调试。

①CAN通信设置：CAN通道设置为"CAN1"；波特率设置为"500k"。

②毫米波雷达通信调试。单击"打开毫米波"按钮，开启雷达。日志窗口未刷新数据；"通信状态"显示"故障"，通信调试失败。

③超声波雷达通信调试。单击"打开超声波"按钮，开启雷达。日志窗口未刷新数据；"通信状态"显示"故障"，通信调试失败。

步骤四：故障检测。

1）根据电路图分析，首先需要检测计算平台的平台感知 CAN 端子的电压波形是否正常。

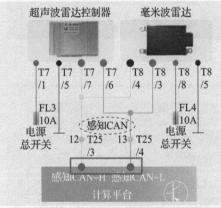

5）毫米波雷达和超声波雷达通信调试都失败，可能原因有：① 感知 CAN 通信线路故障；② 两个雷达故障；③ 计算平台故障。

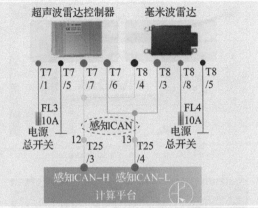

①示波器设置。示波器 CH1 和 CH2 两通道的"垂直幅度"设置为 1V/ 格；"水平时间"设置为 20 μs。

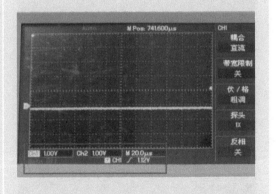

②两个探针的搭铁夹连接搭铁点，两个探针分别连接计算平台 T25/3 号针脚和 T25/4 号针脚，检测波形。正常波形电压，CAN-H 为 2.5~3.5V，CAN-L 为 1.5~2.5V。实际波形电压，CAN-H 为 2.5~3.5V；CAN-L 为 2.5~3.5V，存在异常。

实际波形

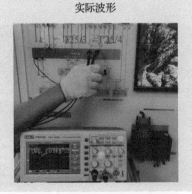

正常波形

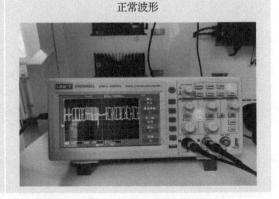

2）已知计算平台端 CAN 电压波形异常，接下来需要测试毫米波雷达和超声波雷达端 CAN 通信电压波形是否正常。

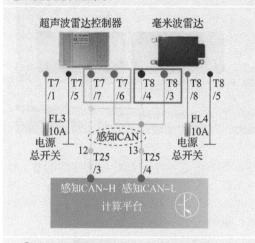

②然后测量超声波雷达端 CAN 电压波形。示波器两个探针分别连接超声波雷达 T7/7 号针脚和 T7/6 号针脚，检测确定波形正常。

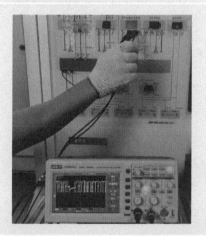

4）万用表校表。万用表电阻档，红、黑表笔短接，查看万用表的读数，正常应<0.1Ω。

①首先测量毫米波雷达端 CAN 电压波形。示波器两个探针分别连接毫米波雷达 T8/4 号针脚和 T8/3 号针脚，检测确定波形正常。

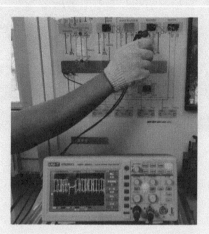

3）通过以上测量，判断计算平台到超声波雷达及毫米波雷达的 CAN-L 线路可能存在故障，接下来需要测量 CAN-L 线路的通断。

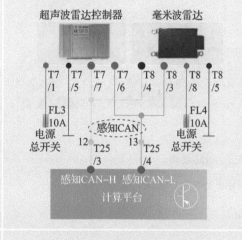

5）关闭自动驾驶系统的电源开关。

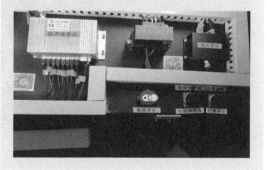

6）断开毫米波雷达插接器、超声波雷达模块通信插接器和计算平台多功能插接器。

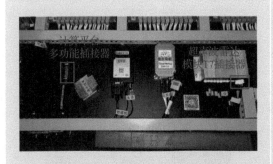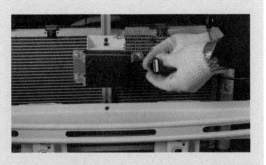

7）万用表的红、黑表笔分别连接计算平台 T25/4 针脚及超声波雷达 T7/6 针脚。正常值应<1Ω，实际测量值为无穷大，确定感知 CAN 的 CAN-L 线路存在故障。

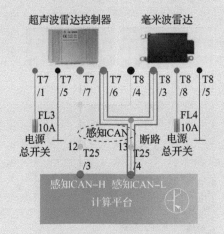

步骤五：故障维修。

维修或更换故障线束。

步骤六：维修后检查。

1）起动智能网联教学车。

2）启动自动驾驶系统。

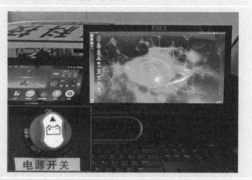

3）打开自动驾驶软件，使用角反射器，分别测试毫米波雷达和超声波雷达，确定雷达能够正常工作。

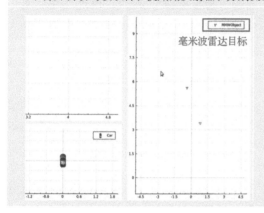

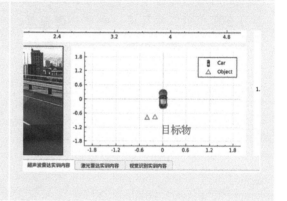

（3）任务评价

根据故障评估表，对实训任务进行评价。

任务小结

本任务主要介绍了计算平台的电路分析、插接器针脚介绍、平台电源故障诊断、平台 CAN 网络通信故障诊断，让读者掌握计算平台出现异常情况时可能存在的故障，并能对特定故障进行一定程度的分析。具体思维导图如图 5-27 所示。

图 5-27　本任务主要内容思维导图

课程思政案例

　　从北斗导航顺利组网，到嫦娥五号成功探月，再到中国航母高速发展，党的十八大以来，中国人民取得了无数振奋人心的科技成果，中国赶上世界的强国梦实现了历史性的跨越。航空母舰是世界各国海军里体型最大、吨位最重的超大型军用舰种，舰体拥有巨大的甲板和舰岛，被称为"浮动的海上机场"，制造期间的调试工作数不胜数，遇到的困难不言而喻。据悉，世界上能够独立自主研制航母的国家只有七个，掌握现代航母建造技术是当今世界海洋强国的普遍追求，是一个民族海洋力量的象征，拥有航母战斗群已成为海洋强国的"标准配置"。

　　在学习计算平台故障诊断时，遇到故障不要慌张，应该不惧怕故障，有条不紊地分析问题。先排除是否为电源故障，后进行通信功能故障诊断。实训过程中，要学习合理规划工作环境，合理分配资源，培育分析问题和解决问题的能力，锻炼动手能力，同时建立安全、质量等方面的工程意识，培养积极面对错误的意识。

参考文献

［1］李妙然，邹德伟.智能网联汽车技术概论［M］.北京：机械工业出版社，2019.

［2］李妙然，陶忠.汽车智能改装技术［M］.北京：北京理工大学出版社，2023.

［3］孙逢春，李克强.电动汽车工程手册　第六卷：智能网联［M］.北京：机械工业出版社，2019.

［4］冯志新，刘彦博.智能网联汽车计算平台测试装调［M］.北京：机械工业出版社，2022.

［5］秦贵和，张洪坤.车载网络及信息技术［M］.北京：机械工业出版社，2022.

［6］凌永成.车载网络技术［M］.北京：机械工业出版社，2021.

［7］刘振洪，吴敏凤.Linux 操作系统实用教程［M］.天津：天津科学技术出版社，2016.

［8］李丰军.中国汽车基础软件发展白皮书 3.0［R］.北京：中国汽车工业协会软件分会，中国汽车基础软件生态委员会（AUTOSEMO），2022.

［9］中国软件评测中心.车载智能计算基础平台参考架构 1.0［R］.北京：中国软件评测中心，2019.